Klostergeheimnisse
aus Küche und Keller

Gerfried Sitar

Klostergeheimnisse aus Küche und Keller

Vordere Umschlagseite: Weinglas und Sektschale aus St. Vinzenz, um 1700, Stift St. Paul
Frontispiz: Bauernkirmes, David Vinckboons, um 1611, Pinakothek Stift St. Paul

Der Autor dankt Herrn Helmut Tatschl, dem früheren Küchenchef des Stiftes St. Paul,
der die alten Rezepte aufbereitet und meisterlich nachgekocht hat.

Bibliografische Information der Deutschen Nationalbibliothek
Die Deutsche Nationalbibliothek verzeichnet diese Publikation in der Deutschen
Nationalbibliografie; detaillierte bibliografische Daten sind im Internet über
http://dnb.d-nb.de abrufbar.

1. Auflage 2010
© 2010 Verlag Schnell & Steiner GmbH, Leibnizstraße 13, 93055 Regensburg
Layout: Florian Knörl, Erhardi Druck GmbH, Regensburg
Umschlaggestaltung: Anna Braungart, Tübingen
Druck: Erhardi Druck GmbH, Regensburg
ISBN 978-3-7954-2182-3

Alle Rechte vorbehalten. Ohne ausdrückliche Genehmigung des Verlags ist es
nicht gestattet, dieses Buch oder Teile daraus auf fototechnischem oder
elektronischem Weg zu vervielfältigen.

Weitere Informationen zum Verlagsprogramm erhalten Sie unter:
www.schnell-und-steiner.de

Inhalt

Vorwort 7

Zur Einführung 9

Vorspeisen

Sommerliche Salate mit Kartoffeldressing, Eierschwammerln
und gekräuterten Hühnerfiletscheiben 34
Kürbisschaumsuppe mit Ingwer und geröstetem Speck 36
Schaumsuppe von der Petersilienwurzel mit Räucherforellenciabatta 38
Rindfleischsuppe mit Milzroulade 40
Rindfleischsuppe mit Basilikum-Pinienkernfrittaten 42
Fastensuppe mit Sesam und Kräutern 44
Fastensuppe aus Bohnen und Getreide mit Hühnerfleisch 46
Benediktinersuppe 48
Fastensuppe der Mönche 50
Suppe des Mohrenkönigs 52
Seltsame Klostersuppe 54
Erdnuss-Suppe 55
Benediktinische Gemüsesuppe 56
Hofmeister-Suppe 58
Fürstabt-Suppe 60
Novizen-Suppe 62
Kürbiscremesuppe 64
Traditionelle Klostersuppe 66
Die Bibelsuppe 67
Landsknecht-Suppe 68
St. Pauler Brezensuppe 70
Forstmeister-Suppe 72
Gefangenen-Suppe 74
Abt Bruno-Suppe 76

Hauptgerichte

Wurzelgemüse mit Kernölschaum und gekochtem Schulterscherzel	80
Kalbschulter aus dem Kräutersud mit glasiertem Bierrettich	82
Faschierte Laibchen von der Poularde mit Knoblauchpüree	84
Gebratene Entenbrust mit Powidl-Zweigeltsoße, gebackenen Erdäpfelecken und Kohlsprossen	86
Gebratene Maishuhnkeulen auf Schilcherrisotto mit glasierten Trauben	88
Benediktiner Bratwürste	90
Weihnachtlicher Puter St. Benedikt mit Kastanienrisotto	92
Kutteln nach Benediktiner Art	94
Geschmortes Kaninchen mit weißer Polenta	96
Gekochtes Schulterscherzel mit Grantensoße (Preiselbeersoße) und Röstkartoffel	98
Spinatnudel mit Schmorsoße vom Wildschwein	100
Lammkoteletts mit feinem Käse überbacken und Saubohnensalat	102
Hirschkalbsteak mit Cassissauce und Kartoffelgebäck	104
Geschichtetes Rinderfilet mit Majoranjus	106
Beilage zum Rinderfilet: Rezept für Rinderfond	107
Lavanttaler Lebalan mit Mostsauerkraut	108
Gebratenes Hechtfilet mit Lauch und Curryhollandaise	110
Spargelspitzen mit knusprigem Saibling und Tomatendressing	112
Zander in Kürbiskernpanade mit Kartoffelkren	114
Forellenfilet im Gewürzbrot mit eingemachtem Kürbis	116
Eier „Benedikt" auf meine Art	118
Heringverhackerts mit Schnittlauch und Radieschen auf getoastetem Schwarzbrot	120
Gebratenes Welsfilet mit Morcheln und Kartoffeln	122
Zweierlei Käsnudel mit brauner Petersilienbutter	124
Brennnesselgnocchi mit brauner Butter und Pecorinokäse	126

Nachspeisen

Topfennudeln mit Mandelbrösel und Apfelkompott	130
Schokoladentorte mit gegrillter Rumananas	132
Apfelschlangel mit Vanillesoße	134
Grieß-Vanilleauflauf mit kalter Marillensoße	136
Kastanienknödel mit Milchschokoladensoße	138
Gebackener Holunder nach altem Klosterrezept	140
Süßer Gründonnerstag-Spinatkuchen	142
Dreikönigskuchen	144
Powidlbuchteln mit Vanillesauce	146
Verschiedene Brote	150
Kleine Kräuterkunde	154
Kleines Glossar	157

Vorwort

Kulinarische Genüsse aus der Klosterküche

Als „anständige Lust" bezeichnete eine Ausstellung im Münchner Stadtmuseum 1993 die Tisch- und Esskultur. Und tatsächlich dreht sich heute im Leben vieles ums Essen und Trinken – von den feinen Speisen in Gourmettempeln bis hin zu den raffinierten Diäten, die nicht der Selbstkasteiung, sondern dem Wohlbefinden des Körpers dienen sollen. Essen ist also in aller Munde!

Wie die Mode die Kleiderbranche bestimmt, so scheint es auch ein Muster zu geben, an dem sich die Veränderung der Kochkultur orientiert. Nicht zuletzt bestimmen einige Wenige, was gut und opportun ist. Der Wettlauf beginnt. Der Preis wird in Form von Hauben und Sternen den strahlenden Siegern überreicht. Man riskiert Seitenblicke. Der Herd wird zum Mittelpunkt der Reichen und Schönen.

Die Kunst des Kochens ist aber mehr als das und führt zu den Wurzeln menschlicher Kultur. Das vorliegende Kochbuch will in die alten Traditionen klösterlicher Küchen entführen und dabei aufmerksam machen, wie viel Gutes oft sehr nahe liegt – im eigenen Garten, auf dem nahen Markt, bei den Bauern der Region. Nicht immer ist der aufwändig gedeckte Tisch der, an dem man sich am wohlsten fühlt. Das Kochbuch zeigt neben erlesenen Kreationen, die auch in den Klöstern nicht fehlten, vor allem das einfache Alltägliche, das, schnell zubereitet, ein hoher Genuss für den Gaumen sein kann. Um diese Einfachheit haben sich Generationen in den Klöstern bemüht, wenngleich die Geschichte auch anderes kennt. Die reichhaltige und berühmte Bibliothek des Stiftes St. Paul bietet einen beeindruckenden Blick in die Welt des Kulinariums. Kochbücher aus mehreren Jahrhunderten haben die Gaumenfreuden ihrer Zeit festgehalten und weitergegeben. Helmut Tatschl, der frühere Küchenchef des Stiftes St. Paul, hat die alten Rezepte aufbereitet, meisterlich nachgekocht und führt damit das kulinarische Gestern mit dem Geschmack der Gegenwart zusammen.

Es ist angerichtet. Wir bitten zu Tisch.

Gerfried Sitar OSB

Zur Einführung

Von Tischkultur und Völlerei

Der große Denker und gesellschaftskritische Philosoph Ludwig Feuerbach prägte den Ausspruch: „Der Mensch ist, was er isst!" Das bewusst inszenierte, festliche Mahl hatte bereits in vorchristlicher Zeit große Bedeutung und war Ausdruck von Gemeinschaft und Geselligkeit. Nicht zuletzt entwickelte sich das Genießen zum Kult, weil das festliche Mahl immer mehr zur Inszenierung von Wohlstand und Reichtum wurde. Das „Hochzüchten" der Esskultur gipfelte schließlich in der Degeneration des Mahles und wurde durch Maßlosigkeit zur Unkultur.

Stil ist wieder gefordert! Besonders im Zeitalter der Fast-Food-Restaurants, der schnellen Küche, ist Stil beim Essen wieder Mode und das richtige Maß gefragt.

„Der Mensch ist, *wie* er isst!" – so mancher Humorist freut sich über klassische Benimmentgleisungen, die das eine oder andere Kulinarium zum Fettnäpfchen werden lassen. Schon der Gründer des Benediktinerordens, Benedikt von Nursia, wusste 529, dass der Wein sogar den Weisen zu Fall bringt. Da liegt der Hase im Pfeffer! Große Mähler entschieden oft über Sprung und Fall auf der Karriereleiter. Der festliche Tisch wird zu einem Ort taktierender Züge im Schachspiel des Lebens. Damit bleibt das Essen nicht auf den Wert der Nahrungsaufnahme und des Selbsterhaltes reduziert, sondern erklingt als Komposition, deren Einzelstimmen harmonisch zusammenwirken. Und in der Tat fordert es beinahe Virtuosität, um angesichts einer besonders anspruchsvollen Partitur den Überblick nicht zu verlieren.

Mit der Entdeckung des Feuers vor ca. 500 000 Jahren war der entscheidende Schritt in Richtung „Tafelkultur" gesetzt, da nämlich das Feuer zum Zentrum der gemeinsamen Mahlzeiten und somit des gesellschaftlichen Lebens wurde. Aus dieser Zeit haben sich Elemente bis in unsere Tage erhalten. Wenn heute der Gastgeber am festlich gedeckten Tisch das knusprige Huhn oder den Fasan tranchiert und die Stücke verteilt, so wurzelt dies in einem Brauch der Jäger, die beim erlegten Wild die Rolle des Teilers übernahmen. Der Frau fiel es zu, alles andere beim Mahl auszuteilen. Auch das kennt unsere Zeit, wenn die Hausfrau die Suppe aus der Schüssel schöpft oder – im bäuerlichen Bereich – das Brot schneidet. Das historische Rollenverständnis der Geschlechter hat sich längst gewandelt, immer mehr Männer greifen auch im privaten Haushalt zum Kochlöffel. Kochen als Ausgleich zum Arbeitsalltag oder zur Entfaltung der schöpferischen Fantasie ist mehr gefragt denn je. In den illustren „Tempeln" der Gourmets rittern Köchinnen und Köche um die Gunst der Feinschmecker und übertreffen einander an Kreativität, Experimentierfreude und fantasiebegabter Leidenschaft. Und schließlich sind es die Hauben – banale Kopfbedeckungen –, die über Klasse und Bedeutung der Küchenprominenz entscheiden. Einmal mehr bestimmt der Geschmack, was „in" ist und wo die Grenzen zwischen Alltag und Fest gezogen werden.

Von Alexander und Julius Caesar

Im antiken Griechenland waren die Gebräuche zu früher Zeit im Allgemeinen sehr einfach. Ein paar Bissen Brot, die in Wein getaucht wurden, stellten das Frühstück dar. Die Hauptmahlzeit nahm man mittags zu sich. Man saß dabei auf Sesseln um einen Tisch. Der antike „Schlemmer" aß mit den Fingern aus den gereichten Schüsseln – freilich war das Waschen der Finger obligat und musste nicht extra eingefordert werden. Nach einem ausgiebigen Mahl wuschen sich die Gäste ebenfalls sorgfältig die Hände. Erst im 5. Jahrhundert setzten sich die Tischsitten der persischen und lydischen Höfe durch, und man verlegte die Hauptmahlzeit auf den Nachmittag oder Abend.

In Verehrung des Gottes Dionysos gehörte zum Essen untrennbar der Genuss des Weines, dem starker kultischer Cha-

Meissener Obstschale, Ende des 18. Jahrhunderts, Stift St. Paul

Dreihenkeliger Krug, Zollfeld, 2. Jahrhundert n. Chr., Landesmuseum Kärnten

rakter zukam. Zudem war das Philosophieren und Diskutieren bei Tisch keine Seltenheit. So konnte ein festliches Mahl einen Tag dauern. Verschiedene Quellen berichten aber auch von Festgelagen, die sich über mehrere Wochen erstreckten. Dass es dabei nicht immer nur gesittet zuging, liegt auf der Hand, und kunstvolle Malereien an den Wänden antiker Villen schildern die Gaumen- und Sinnesfreuden in teilweise durchaus pikanten Szenerien.

Handelsbeziehungen mit der griechischen Provinz Sizilien brachten nach und nach griechische Tafelsitten und Gewohnheiten in den römischen Gebrauch. Essen galt als Lieblingsbeschäftigung der gehobenen Gesellschaft. So war es beinahe ein gesellschaftliches Muss, sich in der Sänfte vom einen zum anderen Mahl tragen zu lassen.

Gegessen wurde im Triclinium, dem Speisesaal. Gewöhnlich gehörten zu einer Tischgesellschaft neun Personen, die, mit der linken Hand abgestützt, auf drei hufeisenförmig um einen Tisch angeordneten Liegen lagerten. Das Messer stand bereits teilweise in Verwendung, es gab auch schon Fingerschalen und Servietten. Exotische Gewürze sowie andere Ingredienzien zur Verfeinerung des Geschmacks sind aus der „culina romana", der römischen Küche, nicht wegzudenken.

Eine der wenigen erhaltenen Schriften, die Auskunft über antike Tafelfreuden geben, ist das Kochbuch „De re coquinaria" des berühmten Feinschmeckers Apicius, welches noch in zwei karolingischen Abschriften des 9. Jahrhunderts erhalten ist. Diese enthalten dabei Listen von Gewürzen, die man zur Zeit des 3. und 4. Jahrhunderts verwendete und die Aufschluss über den Geschmack der Zeit zu geben vermögen.

Lange glaubte man, dass die Invasion germanischer Völker im 5. Jahrhundert eine restlose Zerstörung und Auslöschung des tradierten Gutes zur Folge hatte, doch lebte antikes Tischverhalten im Adel jener Zeit (5.–10. Jahrhundert) fort und verschmolz mit der Kultur der „Barbaren".

Reistöpfe und andere Notwendigkeiten

Der Hintergrund der Entwicklung der Tischkultur liegt in Asien wie auch in anderen Kulturkreisen im Kultischen.

In China bekamen die Gefäße (Bronzen) unter den frühen Königen der Chou-Dynastie (ca. 1400 v. Chr.) zunehmend profane Funktionen. Ähnlich wie bei den Japanern war die Tischkultur der Chinesen durch strenge Vorschriften geregelt, doch anders als in der japanischen Tradition kannten die Chinesen bereits Tische und Stühle. Die Form der Gefäße reichte von einfachen Schalen bis zu aufwändig gestalteten Gefäßen in Tiergestalt, die mit Wasser, Wein und verschiedenen Speisen gefüllt wurden.

Das gemeinschaftliche Tafeln wurde in China immer mehr zur Kunst und zu einem gesellschaftlichen Ereignis, das vorzüglich von den Intellektuellen des Landes gepflegt wurde. Ähnlich wie in unseren Breiten das Biedermeier, wo man sich – müde aller politischen Betätigungen – in die eigenen vier Wände zurückzog und sich an den schönen Künsten erfreute, war es in China in der politisch unsicheren Zeit nach der Sung-Dynastie (618–907) so, dass das häusliche Leben einen neuen Stellenwert erhielt. Eine der momentanen Führung widersprechende Geisteshaltung konnte einen durchaus den Kopf kosten. So widmete man sich eben den „ungefährlichen" Betätigungen – der Malerei, der Natur, dem Garten, der Schreibkunst und nicht zuletzt den Gaumenfreuden. Aus der Not jener Tage wurde immer mehr eine Muse.

Die Tisch- und Tafelkultur wurde am chinesischen Hof mit einem immensen Aufwand betrieben. Bereits in der Chou-Zeit, vor rund 3000 Jahren, gab es im kaiserlichen Palast etwa 200 Beamte, die mit 2000 Mitarbeitern für das leibliche Wohl des Kaisers sorgten. In der Han-Dynastie (206 v. Chr. – 220 n. Chr.) steigerte sich die Zahl der Dienerschaft für Tisch und Tafel auf 6000 Personen.

Der Speisekult stellte in allen Zeiten eine Form der Macht- und Reichtumsdemonstration dar. Das veranschaulicht beispielsweise ein Festmahl des Kaisers Wudi (140–87 v. Chr.), der dafür eigens einen Wald aus Fleisch und einen Teich aus Wein anlegen ließ. Sämtliche Dynastien kennen diese Liebe zu üppigem und gutem Essen. Der letzte Kaiser von China, Puji, erzählt in seinen Erinnerungen vom täglichen Mahl der

Kaiserinwitwe Cixi (1835–1908) und einer anderen Dame des Hofes. Für diese beiden allein wurden täglich an die hundert Gerichte bereitet, aus denen sie wählen konnten. Hier wird klar, dass nicht alle Speisen tatsächlich für den Verzehr bereitet waren, sondern dass Repräsentation, Machtdarstellung und Zeremoniell eine sehr große Rolle spielten.

„Jo, so worns, die oltn Rittersleut"

Kulturgeschichtlich wohl am interessantesten und in ihren Wandlungen am bewegtesten gestaltete sich die Tischkultur in unserem mitteleuropäischen Raum im Laufe des Mittelalters. Die antike Zivilisation spielt hier nur eine sehr untergeordnete Rolle. Diese bestimmte früher im gesamten Mittelmeerraum, in Spanien und Nordafrika ebenso wie in Griechenland und Italien die Koch- und Tischsitten. Tatsächlich ist uns sehr wenig davon überliefert, da die meisten schriftlichen Aufzeichnungen verlorengingen. Während der „finsteren" Jahrhunderte des Mittelalters erlebte die „Historia tabulae" eine grundlegende Wandlung. Man lag nun nicht mehr wie bei den Römern bei Tische, sondern saß aufrecht auf Bänken und Stühlen.

Im frühen Mittelalter waren weder Tischdecke noch Teller noch andere Tischgeräte bekannt. Die schweren, groben Eichentische waren blank und mit Vertiefungen versehen, in denen die Speisen lagen. Die Tischsitten waren rau, und es kam beim Mahl nicht selten zu Mord und Totschlag. Erst im 11. Jahrhundert, als der Stellung der Frau größere Gewichtung (durch die Minne) zuteil wurde, kultivierte sich das ritterliche Tischverhalten zunehmend. Rülpsen und andere akustische Signale waren indes nicht nur gebilligt, sondern Ausdrucksform der Anerkennung für den Koch.

Ansonsten legte man höchsten Wert auf Etikette und höfisches Benehmen. Das Schneiden von Fleisch gewann an Bedeutung, und die Stellung des „Fleischneiders" war eine hohe Ehre, die dem Truchsess vorbehalten war. Die Speisen wurden auf riesigen Zinntellern aufgetragen. Die Gäste (Ritter und Tischdame) aßen aus einer Schüssel und benutzten nicht selten denselben Becher. Der Griff in die Schüssel war aber nicht mehr derb und ungestüm von „Ellbogentechnik" bestimmt, sondern streng reglementiert. Man griff nur mit den ersten drei Fingern in die Schale.

Suppen und Saucen wurden aus Henkelschalen getrunken, später, zu Anfang des 15. Jahrhunderts, kannte man auch den Löffel, der allerdings in kleiner Form bereits von den Römern verwendet wurde. Jeder vornehme Adlige hatte bald seinen eigens gefertigten, oftmals reich mit Edelsteinen besetzten Löffel, den er zum Gastmahl mitbrachte. Solche Löffel waren nicht selten begehrte Sammlerstücke bei nicht ehrbaren Tischgenossen. Ähnliches Verhalten kann man bis heute an den Tafeln der großen Staatsempfänge beobachten. Offenbar ist der Trieb des Jägers und Sammlers auch in unseren Tagen noch in manchem Zeitgenossen lebendig.

Die Tradition des eigenen Bestecks erfuhr in der Zeit des Barock in Reiseservicen bzw. -bestecken ihre Wiederbelebung.

Zwei Handwaschbecken, Limoges, Ende 12. Jahrhundert, Museum für angewandte Kunst, Wien

Schleifkanne (Zinn), Bamberg bez. 1653, Wunderkammer Stift St. Paul

Er schreibt von Festgelagen, von Vornehmen und weniger Vornehmen, von Rezepten und vom berühmten „Kater", den es zu kurieren galt. Eichhörnchen in Kräutersauce, Spanferkel und nicht zuletzt der auf offenem Feuer gebratene Mastochse zählten zu den kulinarischen Leckerbissen, die oft schwer im Magen lagen und durch ein hohes Maß an alkoholischen Getränken weggespült wurden. Während man im österreichischen Raum noch lange an mittelalterlichen Traditionen festhielt, begann in Frankreich und Italien bereits eine neue Strömung lebendig zu werden – die Renaissance.

Familie Medici bittet zu Tisch

Florenz war damals die Hochburg der Kochkunst, das Mekka lukullischer Genüsse. Mitte des 15. Jahrhunderts war am dortigen Hofe bereits der Gebrauch von Gabeln üblich. Um 1518 werden diese erstmals in Venedig bei einem Bankett des Dogen erwähnt.

Durch ihre Heirat mit König Heinrich II. 1533 brachte Katharina von Medici die „Kunst der Küche" mit nach Frankreich und legte so den Grundstein zur berühmten französischen Küche, die heute noch „in aller Munde" ist. Messer und Gabel wurden ebenfalls durch Katharina am französischen Hof eingeführt. In Adelskreisen setzte sich der Gebrauch von Essbesteck um die Mitte des 16. Jahrhunderts durch, in der bürgerlichen Esskultur dauerte es bis zum 18. Jahrhundert.

Unter Ludwig XIV. und Ludwig XV. verwendete man weißes Leinen, feines Porzellan und schönstes Tafelsilber für den festlich gedeckten Tisch. Große Servietten aus Damast trugen zum gepflegten Erscheinungsbild festlicher Tafeln am Hof bei.

Vorgänger des Porzellans

So selbstverständlich heute der Stellenwert des Porzellans in der Tischkultur ist, so galt es noch im 17. Jahrhundert als Besonderheit, Service aus Porzellan zu besitzen. Nach der Erfindung des Porzellans um 700 n. Chr. (Tang–Dynastie/China) dauerte es noch sehr lange, bis dieses feine, durchscheinende Material seinen Siegeszug um die Welt antrat. Jahrhunderte zuvor hatte sich bei den Chinesen eine langsame Entwicklung aus den ursprünglichen Irdenwaren, die zurück bis in das 5. Jahrtausend v. Chr. datiert werden können, abgeleitet. Es handelt sich dabei um einfachste Gebrauchsgefäße, die für das Kochen und die Lagerung von Speisen Verwendung fanden. Selten waren diese Gefäße mit einfachen Ornamenten geschmückt.

Im Neolithikum (etwa 5500–4500 v. Chr.) weitete sich der Bereich der Warenwidmung, und man kennt neben den Gebrauchsgefäßen auch die schon aufwändiger gestalteten

Anstatt der Serviette war im Mittelalter rings um den Rand des Tisches ein in Falten gelegtes Tuch befestigt, an dem sich die Gäste die Finger und den Mund abwischen konnten. Erst im 13. Jahrhundert kam das Tischtuch auf.

Paolo Santonino, der Sekretär des Bischofs Pietro Carlo von Caorle, der 1485 im Auftrag von Marco Barbo, des Patriarchen von Aquileia, die Kirchen Kärntens südlich der Drau nach dem Türkensturm wieder weihte, erzählt in seinem Reisebericht von den Tischgepflogenheiten des Südkärntner Raumes.

Begräbnisgefäße, die aus der Yang-shao-Kultur der Provinz Gansu stammen. Trotz der herkömmlichen „Spiralwulsttechnik" weisen diese Gefäße bereits ein enormes künstlerisches sowie technisches Können auf.

Neben der Yang-shao-Kultur fällt der Longshan-Kultur eine Schlüsselfunktion in der Keramikentwicklung zu. Auf der Halbinsel Shandong bahnte die Erfindung der Drehscheibe den Weg für künstlerisch hochstehende glatte Gefäße (3. Jahrtausend v. Chr.).

Die Konstruktion des Brennofens um 1020 v. Chr. war ein weiterer wichtiger Schritt. Als Vorbild diente zweifelsohne die Bronzeverarbeitung, bei der hohe Schmelztemperaturen erforderlich waren. Durch die Glasur schließlich wurden die Irdenwaren undurchlässig. Obwohl man derartige Erfolge erzielen konnte, spielte die Verwendung der Keramik in dieser Zeit immer noch eine der Bronze untergeordnete Rolle.

Erst in der Chou-Dynastie (1027–771 v. Chr.) gelang der Durchbruch. Durch eine Brenntemperatur von 1200 Grad wurde die Hitze erreicht, die zum Brennen von Steinzeug ausreicht, damit das Material verdichtet wird, sodass es auch ohne Glasur undurchlässig ist. Durch ständige Weiterentwicklung der Techniken gelang schließlich während der Tang-Dynastie (618–907 n. Chr.) die Erfindung des Porzellans.

Im heutigen Europa schritt die Entwicklung nicht so rasch voran. Ton und Irdenwaren spielten neben Metallgefäßen bis herauf ins 16. und 17. Jahrhundert eine dominante Rolle.

Der bekannte venezianische Abenteurer Marco Polo erzählt in seinem Buch „Il Milione – Wunder der Welt" von seinem Aufenthalt am Hofe des großen Kublai Khan. Als Marco Polo um 1296 wieder nach Venedig zurückkehrte, berichtete er den staunenden Bewohnern der Lagune von seinen Erlebnissen und erwähnte auch die „porzellana" – das Porzellan. Das frühe Porzellan war allerdings noch sehr grob und hat keineswegs unseren heutigen Vorstellungen von feinem Tafelporzellan entsprochen. Erst allmählich entwickelte sich die Kunst, „weißes Gold" herzustellen. Porzellan galt in China keineswegs als Luxusartikel, der nur gehobenen Schichten vorbehalten war, vielmehr fand es in allen Gesellschaftsbereichen Verwendung.

Das weiße Gold

Ungeheuer reich ist die Vielfalt des in China hergestellten Porzellans. Das erste wirkliche Porzellan nennt man Seladon, ein Steinzeug mit graugrüner Glasur, deren Farbe sich aus einem kleinen Anteil Eisenoxid ergibt. Man kennt diese Um-

Zwei Schnabelgefäße, Ching Dynastie, um 1700, Stift St. Paul

schreibung aber auch für jede Glasur in der typischen Farbe. Die Wurzeln der Seladon-Waren können bis zurück in die Han-Dynastie (206 v. Chr.–220 n. Chr.) verfolgt werden.

Die Entwicklung der chinesischen Porzellanwaren weist in allen Formen eine nach Nord- und Südreich getrennte Charakteristik auf. Während im Norden eine olivfarbene Glasur auf einem grauen Scherben vorgezogen wurde, favorisierte man im Süden ein kälteres Blaugrün.

Die frühen Erzeugnisse der südlichen Song-Dynastie (1128–1279 n. Chr.) sind von klassischer Einfachheit und orientieren sich formvollendet am Geschmack des Song-Hofes.

Der Formenreichtum fußt in alten Bronzearbeiten oder bezieht seine Thematik aus dem Bereich der Pflanzenwelt. Komplexere Formen weisen die Seladon-Waren der Ming-Periode auf. Sie sind wesentlich größer, reicher verziert und mit Motiven aus Flora und Fauna dekoriert. Im 15. Jahrhundert setzte langsam der Niedergang des Seladon-Porzellans ein. Der Geschmack der Zeit richtete sich nun auf das bunte und farbenfrohe Porzellan.

Der Betrachter dieser Gattung chinesischer Porzellankunst wird bei der Luftigkeit und Feinheit der Waren unweigerlich an Wolken und Wolkengebilde denken. Tatsächlich bedeutet der Name Quingbai oder Ying-quing soviel wie „neblig", „wolkig" oder auch „blauer Schatten". Vermutlich ist es jenes Porzellan, das Marco Polo in seinen Reiseberichten beschreibt.

Die intensive Quingbai-Glasur ist in tiefem Himmelblau gehalten. Im Allgemeinen aber ist der Farbton eher ein blasses Grün oder Blau mit dunklen Farbzusammenläufen. Charakteristisch neben der Farbgebung ist die Form der Waren – Schalen und Teller, kleine Vasen und topfartige Gefäße, entweder mit schlichten oder floralen Rändern.

Ebenfalls aus Ching-te-chen stammen die Shu-Fu-Waren, die sich durch eine dichte grüne oder blaue Glasur auszeichnen. Die Formen sind in Anlehnung an Silberarbeiten mit überlappenden Blütenblättern oder Blätterranken verziert.

Typisch für die zweite Hälfte des 14. Jahrhunderts ist die kraftvolle Bemalung mit Motiven wie Lotos-, Päonien- und Chrysanthemengirlanden, zwei Mandarinenten auf einem Lotosteich, von Algen umgebene Fische, dem Sagenreich entsprungene Tiere und manchmal Figuren in verschiedenen Variationen. Schalen mit flachem, einfachem oder gezacktem Rand sind ebenso zeitgemäß wie Schüsseln mit kleinerem Fußring, gerundeten Seiten und nach außen gestülptem Rand. Neben diesen Formen kennt das 14. Jahrhundert aber auch birnenförmige Flaschen mit einem engen Hals oder Balustervasen mit hohen Schultern und sehr kleinen, engen Hälsen.

Die Bearbeitung und Ausführung der Waren ist nicht von bestechender Feinheit, sondern eher grob gehalten mit einer unglasierten Basis. In der frühen Ming-Periode unter Kai-

Hofdame, Ming Dynastie, Ende des 16. Jahrhunderts, Jade, Stift St. Paul

ser Hongwu (1368–1398) findet man ein etwas geordneteres Dekor, in dem mehr Wert auf die Zentralisierung des Hauptmotivs gelegt wird.

Eine bedeutende Zäsur in der Geschichte der Porzellanherstellung ist mit der Errichtung der kaiserlichen Brennöfen im 14. Jahrhundert verbunden. Die Waren des 15. Jahrhunderts harmonieren in Dekor und Form und weisen ein perfektes Raum- und Platzierungsgefühl der Porzellankünstler auf. Dem Dekor liegt ein durchdachtes Konzept zugrunde, das eine Überladung und zu große Dichte der Motive verhindert. Lotos- und Chrysanthemenranken finden sich hier ebenso wieder wie verschiedene saisonale Blumen – typisch für den Lauf der Jahreszeiten –, Kürbisse und Weintrauben.

Darstellungen aus dem Tierreich werden dominiert von dem Bild des weiblichen und des männlichen Phönix. Die für das 15. Jahrhundert typische Glasur ist dick, bräunlich oder grünlich und mit Blasen durchsetzt, die winzige Vertiefungen an der Oberfläche verursachen. Neue Formen des 15. Jahrhunderts sind flache Flaschen mit Henkeln und scheibenförmige Gefäße. Der Hals von Flaschen erinnert in dieser Zeit in seiner Form an Knoblauchknollen. Im frühen 15. Jahrhundert treten die ersten Kaisermarken auf, die chronologisch mit der Errichtung der kaiserlichen Brennöfen übereinstimmen.

Für die Porzellanherstellung bedeutete die Zeit zwischen dem Ende der Herrschaft des Kaisers Xuande 1435 und der Herrschaft des Kaisers Chenghua (1465–1487) eine wenig produktive Phase. Nach diesem Interregnum steigerten die Öfen von Ching-te-chen ihre Produktion wieder, um die große Nachfrage befriedigen zu können. Die Produktion der Chenghua-Dynastie ist wesentlich klarer und etwas glasiger als jene der Vorgängerdynastien. Das Spezifikum dieser Zeit ist ein sonderbarer, rauchiger Elfenbeinton. Die Führung der Pinsel ist sehr fein und ausgewogen – beinahe vermisst man die Kühnheit des Pinselstriches, wie wir ihn etwa beim Blau-Weiß-Porzellan des frühen 15. Jahrhunderts finden. Eine Typologisierung des Dekors spricht ihm einen gewissen femininen Charakter zu. Herrlich geformte Schalen mit Lotos- oder Hibiskusmäandern – Palastschalen genannt –, Flaschen und Krüge mit Darstellungen aus dem Alltagsleben und solche mit Abbildungen aus dem Beamten- und Hofstaatmilieu. Neben dem bewährten Unterglasurblau dominieren ein weiches Manganbraun, Kupfergrün und Gelb.

Die kleine Form der Porzellanwaren gilt nun als wesentlich edler und vornehmer. Zu den bereits genannten Farben gesellen sich im Laufe der Zeit ein sattes Purpur, Kobaltblau und Türkis. Der Stil des Dekors wird immer üppiger und erinnert in seiner Großzügigkeit an die Formgebung des Barock.

Das Ende der Herrschaft des Kaisers Zhengde (1501–1521) geht mit der der großen Periode des klassischen Ming-Porzellans einher. Die Dekorgestaltung wird schematischer – Lotosblumen und Chrysanthemen werden nur noch stilistisch angedeutet – das umrankende Laub wirkt flach und erinnert in seiner Formgebung an die bourbonische Lilie.

Üppig und überladen wirkt der Stil der sogenannten Kaiserwaren. Der fünfklauige Kaiserdrachen hat sich in einem Gestrüpp von Ranken und Girlanden verirrt, und das Gesamtbild erscheint eher wirr und ungeordnet.

Das Porzellan des frühen 16. Jahrhunderts wird in der Farbgebung blauer. Die Inschriften auf den Porzellanwaren lösen sich von der herkömmlichen Art und nehmen ihren Ursprung in weltlichen, geistlichen und philosophischen Themen. Die Jiajing-Dynastie überrascht mit einigen Innovationen. Der Scherben des Porzellans weist Eisenspuren auf, die beim Brennen rot werden. Glasig und glänzend verleiht die Glasur den Objekten eine besondere Note. Das Blau – das man nun „Mohammedanisch Blau" nennt – ist von einer unübertroffenen Intensität. Das Dekor besticht mit einigen für die Periode typischen Details. Figurale Themen nehmen zu: spielende Kinder, Studenten und Würdenträger zählen zu den beliebtesten Motiven. Sehr beliebt ist auch die Darstellung von Kranichen und Wild.

Vor der Erschließung der Seewege gelangten Einzelstücke chinesischen Porzellans nach Europa, doch schloss sich ein Ausbau der Handelsbeziehungen wegen der Zerbrechlichkeit des Handelsgutes aus. 1381 wurde das erste erwähnte Porzellanobjekt von Ludwig I. von Ungarn als Geschenk König Karls III. von Neapel importiert. Unter den frühen europäischen Porzellanbesitzern finden sich der Doge von Venedig, Pasquale Malipiero, der 1461 ein Porzellangeschenk erhielt, und Lorenzo di Medici, dem 1487 der Sultan von Ägypten 20 Objekte schenkte. Heinrich VIII. erhielt anlässlich seiner Krönung zum englischen König (1509) drei nachweislich dokumentierte Stücke für sein Schloss Southampton.

Mit der Umsegelung des „Kaps der Guten Hoffnung" durch Vasco da Gama 1497 öffneten sich für die Europäer die Handelswege nach Indien, Südostasien und China. Obwohl schon im zweiten Jahrzehnt des 16. Jahrhunderts von Europa aus chinesische Gewässer erreicht wurden, sind erst um die Mitte des Jahrhunderts Handelsabkommen dokumentiert. Fortan begannen nun vor allem die Portugiesen, Porzellan in großen Mengen zu importieren.

Das Dekor war in dieser Zeit nicht mehr zusammenhängend und bildete nicht unbedingt eine thematische Einheit. Die zu bearbeitende Fläche war in viele kleine Felder unterteilt, die unterschiedlichste Dekorelemente aufwiesen. Die Holländer nannten diese Art des Porzellans „Kraak-porselein", weil es auf sogenannten Karracken, den größten Segelschiffen der damaligen Zeit, transportiert wurde.

Kurz nach der Errichtung einer ständigen Handelsstation in Formosa durch die Holländer (1624) erschien ein neues, wesentlich kunstvolleres Porzellan auf dem Markt. Man nannte es das „Übergangsporzellan", da seine Entstehungszeit das Ende der Ming-Dynastie und den Anfang der Mandschu- oder Ching-Dynastie überbrückte. Typisch für das Übergangsporzellan ist wiederum sein Dekor, das die Wiederholung von Motiven vermied und Menschen, Tiere und Pflanzen wesentlich naturalistischer darstellte. Zeitgleich zum Übergangsporzellan erscheinen neue Formen insbesondere für Gebrauchsgegenstände, die sicherlich eine europäische Beeinflussung nicht leugnen können – Senftöpfe, Kerzenhalter, Salzstreuer, Humpen und hohe bocksbeutelförmige Flaschen und Vasen.

Eine wahre Welle von Porzellanimporten ist gegen Ende des 17. Jahrhunderts zu verzeichnen. Jeder Kaiser- oder Königshof Europas, der gesellschaftsfähig sein wollte, gab Importe in Auftrag. Am Stellenwert, der dem Porzellan eingeräumt wurde, lässt sich unschwer die Kostbarkeit der Ware ermessen. Mit zunehmendem Handel auf dem Seeweg wurden die Schiffe, die oft bis oben hin mit Porzellan beladen waren, zur lukrativen Beute für Piraten. Die berühmtesten Schiffe, die gekapert wurden, waren die portugiesischen Karracken „San Yago" und „Santa Caterina" 1602 und 1604. Große Auktionen in Middelburg und Amsterdam brachten die gestohlene Fracht unter die höchst interessierten Käufer. Es kam in der Folge zu einem erbitterten Konkurrenzkampf zwischen Engländern, Portugiesen und Holländern, da die Nachfrage nach Porzellan in Europa weiterhin wuchs.

Aufschluss über den gewaltigen Handel mit Porzellan gab 1985 die Hebung des holländischen Frachters „Geldermalsen". Am 3. Jänner 1752 war das Schiff von Kanton in Richtung Heimat unterwegs, als es im Südchinesischen Meer mit einer Ladung von 223 303 chinesischen Porzellanobjekten, die rund 220 Tonnen wogen, gesunken ist. Bei den Porzellangegenständen handelte es sich vorwiegend um einfaches Gebrauchsporzellan. Die Ware war aber deshalb sehr gut geschützt, weil sie zwischen Tee verpackt war. Der Tee quoll auf und verhinderte so das Zerbrechen der fragilen Fracht.

Erst mit dem Wachsen der heimischen Porzellanindustrie im 18. Jahrhundert verlor der Importhandel aus China allmählich an Bedeutung.

Bis zu dieser Zeit gehörten Importprodukte aus China zum „Must" jeder europäischen Kunst- und Wunderkammer. Schon als 1573 Erzherzog Ferdinand von Tirol die Wunderkammer in seinem Schloss Ambras bei Innsbruck einrichtete, waren Porzellanerzeugnisse aus China vielbestaunte Exponate. Weltliche und kirchliche Fürsten eiferten dem Erzherzog nach und eröffneten eigene Kunstkammern. Nach und nach entstanden an zahlreichen europäischen Höfen derartige Sammlungen, die stolz den Besuchern präsentiert wurden. In der Barockzeit lag es durchaus im Trend, dass man in den Residenzen ganze Räume mit chinesischem oder japanischem Porzellan ausstattete und diese exotisch anmutenden Kabinette für besondere Anlässe verwendete.

Alchemisten und andere Lebenskünstler

War es das Los der Alchemisten, dem Geheimnis der Goldherstellung nachzujagen, so fieberte man in Europa dem Mirakel der Porzellanherstellung hinterher. Was den Chinesen schon Jahrhunderte bekannt war, galt den Europäern immer noch als Gordischer Knoten. Nach den ersten – vergeblichen – Versuchen der Porzellanproduktion in Florenz im 16. Jahrhundert im Auftrag der Medici gab es lange Zeit niemanden, dem die Herstellung eines porzellanähnlichen Materials gelang.

1675 experimentierte Graf Ehrenfried Walter von Tschirnhausen mit Strahlungswärme und reflektierenden Spiegeln, um den Schmelzpunkt verschiedener Materialien – zum Beispiel des Kaolins – zu finden. Kaolin ist ein wichtiger Bestandteil der Porzellanherstellung, der im Ofen auf 1450 Grad erhitzt werden muss. Mit diesen Vorkenntnissen war der erste Schritt in Richtung Porzellan getan. Der Durchbruch gelang allerdings erst später.

August der Starke von Sachsen hörte von den Experimenten des jungen Apothekerlehrlings Johann Friedrich Böttger (1683–1719), der im Ruf stand, Gold herstellen zu können. Der König hoffte, mit Hilfe Böttgers eine Finanzmisere einzudämmen, die arg an den königlichen Kassen nagte. Kurzerhand setzte er Böttger gefangen und befahl ihm, Gold zu schaffen. Dieses undurchführbare Ansinnen des Königs trieb Böttger zur Flucht, die allerdings scheiterte. Wieder in der Gewalt Augusts, musste sich der junge Böttger nun der Aufgabe stellen. Als die Experimente aber immer mehr Geld verschlangen, ohne dass sich ein Erfolg abzuzeichnen begann, schienen endlich Tschirnhausens Bestrebungen aufgegriffen worden zu sein – wenn nicht Gold hergestellt werden konnte, so doch wenigstens Porzellan. Am 15. Jänner 1708 war es endlich soweit: Böttger hatte „nach zwölfstündigem Brand um 5 Uhr nachmittags einen weißen und durchscheinenden Scherben" erhalten. Die Geburtsstunde des deutschen Porzellans hatte geschlagen. Am 28. März 1709 meldete Böttger dem König, dass er „gutes weißes Porzellan, samt der allerfeinsten Glasur ... bewerkstelligen" könne. Am 23. Jänner 1710 wurde die erste deutsche Manufaktur in Meißen gegründet. Die Vorbilder der deutschen Porzellanerzeugnisse waren Gefäße aus China und Entwürfe des Dresdner Hofsilberschmieds Johann Jakob Irminger.

Nach Böttgers Tod kam Johann Gregorius Höroldt (1696–1775) aus Wien und wurde zum treibenden Motor der Meißner Porzellanmanufaktur. Auf ihn geht auch die reiche Farbpalette zurück, für die die Meißner Erzeugnisse berühmt wurden. Ebenso entsprangen seiner Genialität

Chinese mit Kakadu, Porzellanmanufaktur Ludwigsburg, um 1750, Wunderkammer Stift St. Paul

Landschaften und Blumendekore. In den zwanziger Jahren des 18. Jahrhunderts entsprach Höroldt dem Wunsch Augusts des Starken, jedes Zimmer seines Japanischen Palais mit Porzellan in einem anderen Farbton auszustatten. Für die plastische Ausgestaltung des Japanischen Palais war Johann Joachim Kändler (1706–1775) verantwortlich, der ab 1733 als Modellmeister in Meißen arbeitete.

Ursprünglich beschränkte sich die Produktion der Speiseporzellane auf Tee-, Kaffee- oder Schokolade-Service. Der Trend der Zeit forderte dann aber immer mehr echte Speiseservice, da es als chic galt, von Tellern aus diesem „modernen" Material zu essen. Für die Grafen Brühl entstand zwischen 1737 und 1741 das aus 2200 Teilen bestehende, prunkvollste Meißner Speiseservice. Der plastische Stil Kändlers erfuhr hier seine Übertragung auf das bisher glattwandige Geschirr und löste die Malereien Höroldts durch üppige plastische Dekore ab.

Ein wahres „Porzellanfieber" brach aus. Jedes kleinste Fürstentum wollte seine eigene Manufaktur besitzen und eigenes Porzellan produzieren. In dieser Zeit waren Porzellankünstler gefragte Leute. Christoph Conrad Hunger, der bereits unter Böttger in Meißen als Vergolder gearbeitet hatte, war 1718 in Wien bei der Manufakturgründung dabei, ebenso 1720 bei Vezzi in Venedig. In den Dreißigerjahren treffen wir ihn in Schweden, und um die Mitte der Vierzigerjahre ist er an der Gründung der Kaiserlichen Manufaktur in St. Petersburg beteiligt. So ging von Meißen eine Kulturentwicklung aus, die bald ganz Europa erfasste.

Deutsche Manufakturen

1710	Meißen
1718	Wien
1746	Höchst
1747	Nymphenburg
	Fürstenberg
1751	Berlin
1755	Frankenthal
1757	Gotha
1758	Ludwigsburg
	Ansbach
1760	Kloster Veilsdorf
	Volkstedt
1763	Ottweiler
1764	Fulda
	Wallendorf
1766	Kassel
1772	Limbach
1777	Ilmenau
1779	Gera
1783	Rauenstein

1731 beschäftigte die Manufaktur in Meißen etwa 40 Maler, davon zehn Blumenmaler. Einer der bedeutendsten Porzellanmaler war Georg Heintze. Johann Gottfried Klinger malte ombrierte Blumen (mit Schatten) und Insekten, Adam Friedrich von Löwenfinck war ein Meister der Indianischen Blumen. In der ersten Meißner Zeit arbeitete seit 1727 Gottlieb Kirchner als Modelleur. 1728 wurde dieser entlassen – aber bereits 1730 wieder eingestellt. 1731 trat Johann Joachim Kändler an seine Seite, mit dem er gemeinsam den großen Auftrag König Augusts des Starken ausführte – die Gestaltung des Japanischen Palais. 1733 starb der König, und im selben Jahr schied Kirchner aus der Manufaktur aus. Kändler sah seine neue Aufgabe nun in der Gestaltung verschiedener Tafelservice. Das berühmteste ist das „Schwanenservice", das 1737 für den Grafen Brühl entstand, der seit dem Tod des Königs die Oberaufsicht über die Manufaktur innehatte.

Neben Kändler waren die wichtigsten Modelleure Johann Friedrich Eberlein (1735–1749), Peter Reinicke (seit 1743) und Friedrich Elias Meyer (1748–1761), ein Meister des Rokoko. Das Jahr 1740 brachte den Durchbruch des Rokoko – allmählich verschwanden die Chinoiserien und wichen großartigen Landschaftsbildern und Seestücken. 1739 kam als unterglasurblauer Dekor das Zwiebelmuster hinzu. Tiefe Einbrüche erlebte die Manufaktur durch den Zweiten Schlesischen Krieg (1744–1745) und besonders durch den Siebenjährigen Krieg (1756–1763). Von 1774 bis 1813 stand die Porzellanerzeugung unter der Leitung des Grafen Camillo Marcolini, dem die Festigung der wirtschaftlichen Lage der Manufaktur nach dem Krieg nicht gelang. In dieser Zeit verlor Meißen seine Vorrangstellung.

Die Zeit zwischen 1814 und 1833 stand im Zeichen technischer Neuerungen. Um der wirtschaftlichen Lage auf die Sprünge zu helfen, passte man sich dem Zeitgeschmack an – Wedgwood wurde Vorbild. 1817 wurde das Chromgrün erfunden, in dem das Weinlaubmuster seinen Ursprung nimmt. 1827 war das Glanzgold ein Novum.

1830 wurde die Königliche Manufaktur in eine Staatliche Porzellanmanufaktur umgewandelt. 1833 bekam Heinrich Gottlieb Kühn die Leitung übertragen, die er über 37 Jahre innehatte. Im Laufe der nachfolgenden Jahre wurden ständig technische Neuerungen durchgeführt, neue Dekore entwickelt und immer wieder namhafte Künstler mit Dekorentwürfen beauftragt, auch Riemerschmid und Niemeyer entwarfen Geschirre mit beeindruckenden Jugendstildekoren.

Im Zweiten Weltkrieg trug die Manufaktur gewaltige Schäden davon, und der Betrieb wurde schließlich 1945 ganz eingestellt. Eine sowjetische Aktiengesellschaft übernahm die Manufaktur und gab sie schließlich 1950 zurück. Sie arbeitete in der DDR als „Volkseigener Betrieb" und ist heute im Besitz des Freistaates Sachsen.

„Wien vor der Marke" – Die Zeit unter Du Paquier (1717–1744)

In Trier gebürtig, gründete der Hofkriegsratsagent Claudius Innocentius Du Paquier in der Roßau (IX. Bezirk) in Wien eine Porzellanmanufaktur gemeinsam mit Christoph Conrad Hunger, den er aus Meißen angeworben hatte. 1718 stieß der Arkanist Samuel Stölzel zu den beiden, kehrte allerdings 1720 wegen der tristen Wirtschaftslage wieder nach Meißen zurück. Hunger ging im gleichen Jahr nach Venedig. Du Paquier verlegte seine Fabrik in die Porzellangasse und stockte das Personal auf. Typisch für die Zeit bis 1730 waren Chinoiserien. Auch das Bandlwerk des Wiener Barocks beeinflusste den Dekor. Vieles wurde in Schwarzlot gemalt und mit Vergoldungen ausgeschmückt. Den „Hausmalern" stand Du Paquier verständnisvoll gegenüber – die besten Künstler dieser Gruppe wurden sogar von ihm in der Manufaktur beschäftigt. Das Porzellan der Du Paquier Manufaktur war sehr eigenwillig und hatte wenig Ähnlichkeiten mit dem aus Meißen stammenden. Du Paquier befand sich in stetigen Finanzproblemen, obwohl die Produktion seiner Manufaktur florierte. Dieser Umstand zwang ihn schließlich, die Manufaktur an die Kaiserin Maria Theresia zu verkaufen. Er starb 1751.

Staatliche Periode (1744–1784)

Charakteristisches Merkmal für den Übergang von der Du-Paquier-Periode zur Staatlichen Periode ist die Einführung der Porzellanmarke – dem Bindenschild. 1749 wurden durch einige Neuerungen Verbesserungen erzielt. Eigenes „Hofporzellan" wurde produziert, das von 1750 bis 1780 mit einem besonderen Bindenschild in Unterglasurblau gekennzeichnet wurde. Seit 1783 kamen Jahreszahlen in Verwendung, die neben den Marken eingepresst wurden, zum Beispiel 87 für 1787 oder 845 für 1845. Als Bossierzeichen sind blindgeprägte Buchstaben zu erkennen, als Malerzeichen aufgemalte Zahlen. Die Staatliche Periode war geprägt von einer straffen Organisation, die erfolgbringend schließlich zu einer Erweiterung der Manufaktur führte. Seit 1745 waren unter dem Malereivorsteher Anton Anreiter von Zirnfeld und dem Obermaler Johann Sigismund Fischer auch Christian Daniel Busch und Samuel Hitzig aus Meißen tätig. Der Blumenmaler Johann Gottfried Klinger aus Meißen wurde 1746 als Farblaborant eingestellt. Bekannte Modelleure waren Josef Niedermayer (1747–1784), der volkstümliche und später klassizistische Figuren schuf; Leopold Dannhauser, der im klassizistischen Stil nach dem Sèvres-Vorbild arbeitete; Anton Grassi von 1755 bis 1807 und Filippo Taglioni.

Platte aus dem Jagdservice Maria Theresias, Manufaktur Du Paquier, 1744, Stift St. Paul

Sorgenthal-Periode (1784–1805)

1784 erfolgte aufgrund wirtschaftlicher Schwierigkeiten eine Verkaufsausschreibung der Wiener Manufaktur.

Mangels Interessenten übertrug man schließlich die Leitung der Manufaktur dem aus Linz stammenden Textilfabrikanten Konrad von Sorgenthal, dem ein neues Aufblühen der Manufaktur durch seine geschickte Führung gelang. Neue Farben und Golddekore bestimmten die Periode. 1805 beendete der Tod Sorgenthals diese produktive und äußerst gewinnbringende Periode der Manufaktur.

Bis etwa 1820 wurde unverändert weitergearbeitet. Von diesem Jahr an ging es rapide abwärts, bis 1864 schließlich eine Auflösung der Wiener Manufaktur unvermeidlich war. Die heutige „Wiener Porzellanmanufaktur Augarten" ist eine Neugründung von 1922. Das Verständnis der Nachfolge der berühmten Wiener Manufaktur lässt in dieser Tradition Figuren und Luxusporzellan nach alten und modernen Vorbildern entstehen.

Frankenthal (1755–1800)

Der Fayencefabrikant Paul Anton Hannong aus Straßburg durfte in Frankreich wegen des Monopols der Porzellanmanufaktur in Sèvres kein Porzellan herstellen. Am 26. Mai 1755 erteilte ihm Kurfürst Carl Theodor von der Pfalz das Privileg. Kaolin wurde aus Passau bezogen. Nach dem Tod des älteren Sohnes 1757 wurde die Manufaktur von seinem jüngeren Bruder übernommen. Infolge wirtschaftlicher Schwierigkeiten wurde 1763 die Manufaktur an den Kurfürsten verkauft. Carl Theodor stellte den Mannheimer Hofbildhauer Konrad Linck aus Speyer (1732–1802) ein, der 1766 wieder nach Mannheim zurückging, aber weitere Entwürfe für Frankenthal lieferte. Karl Gottlieb Lück war 1775 Modellmeister. Priorität in der Warenerzeugung genoss in Frankenthal die Figurenplastik, deren bedeutenste Werke Konrad Linck zuzschreiben sind.

1794 bis 1795 stand die Frankenthaler Manufaktur unter französischer Besatzung und wurde in dieser Zeit an Peter

Reisebesteck der Kaiserin Sisi, Wien, 1854, Stift St. Paul

van Recum aus Grünstadt verpachtet. Nach dem Abzug der Franzosen kam die Manufaktur wieder in kurfürstlichen Besitz. 1797 standen wiederum Franzosen am linken Rheinufer und erklärten die Manufaktur zum Nationalbesitz. 1900 bis 1917 wurden die Frankenthaler Modelle in Nymphenburg neu ausgeformt, darunter auch solche, die vom Museum in Speyer zur Verfügung gestellt wurden.

Ludwigsburg (1758–1824)

Wie für viele deutsche Fürsten war auch für Herzog Carl Eugen von Württemberg der Besitz einer eigenen Manufaktur zur Machtdemonstration notwendig. 1758 übernahm er eine zwei Jahre zuvor gegründete Manufaktur, die er 1760 in das Schloss „Jägerhaus" verlegte. Die frühklassizistische Figurenplastik war einer der Hauptschwerpunkte der Ludwigsburger Porzellanerzeugung. Modellmeister war Johann Christian Beyer. Als erste deutsche Manufaktur wandte sich Ludwigsburg dem Klassizismus zu. 1766 waren 154 Personen in der Manufaktur beschäftigt. Nach dem Tode des Herzogs 1793 verfiel die Manufaktur und wurde schließlich von König Wilhelm I. von Württemberg 1824 geschlossen.

Neben dem Porzellan darf aber auch das klassische Glas nicht fehlen, das Becher aus Zinn, Silber oder Gold abgelöst hat.

Glück und Glas – wie leicht bricht das!

Die Herstellung von Glas hat sich in den letzten Jahrhunderten nicht wesentlich geändert. Die Maschinen sind moderner geworden, aber die Technik und die Kunstfertigkeit der Glasbläser ist die gleiche geblieben.

Grundbestandteil der Glasmasse ist der Quarzsand, der, mit bestimmten Zusätzen vermengt, im Glasofen in „Häfen" aus feuerfestem Ton geschmolzen wird, bis eine rotglühende, zähflüssige Masse entstanden ist. Nun hängt es vom Können des Glasmeisters ab, ob das Glas rein ist. Wenn das Glas geschmolzen und gründlich umgerührt und die Abschöpfung der auf der Oberfläche schwimmenden Gegenstände, der „Glasgalle", erfolgt ist, kann mit der eigentlichen Glasgestaltung begonnen werden. Der Glasbläser entnimmt mit der Glasmacherpfeife ein wenig zähflüssiges Glas und rollt es auf der „Mabelplatte" hin und her, um es in eine gleichmäßige längliche Form zu bringen. Der vorbereitete Klumpen wird an der Pfeife in eine zweiteilige Holzform gelegt und aufgeblasen. Der Glasmacherstuhl ist der Ort der Weiterverarbeitung.

Der Ansatz für den Stängel eines Glases wird mit der Glasmachzange gebildet. Ein Hüttenjunge bringt aus dem Hafen einen längsgezogenen „Glasposten", der vom Glasmacher an den vorbereiteten Kelch angesetzt wird. Während er die Pfeife dreht, formt er den Stängel mit der Zange. Ein weiterer Posten Glas wird für die Fußplatte benötigt. Ihre flache Form erhält sie mit der Zange, wenn eine Haftung am Stängel gegeben ist. Der oben noch geschlossene Kelch hängt wie eine Kugel an der Glasmacherpfeife. Mit einem Eisenstab, dem sogenannten Hefteisen, an dem ein kleiner Posten Glas befestigt ist, wird er nun von einem Hüttengehilfen aufgenommen. Das am Hefteisen hängende Glas bleibt am Boden des Fußes kleben, während der Glasmacher mit der Schere die Kappe des Kelchs von der Pfeife schneidet und die Öffnung erweitert. Um das Glas weiterverarbeiten zu können, muss die inzwischen abgekühlte Glasmasse wieder biegsam gemacht werden. Um dies zu gewährleisten, wird der von der Pfeife genommene Kelch in die „Arbeitsöffnung" des Ofens gehalten, bis das Glas wieder formbar ist. Daraufhin wird der Lippenrand des Kelches in der entsprechenden Höhe abgeschnitten und gewissenhaft „egalisiert". Scharfe Randkanten und Unebenheiten werden im Arbeitsloch verschmolzen. Noch besteht die Möglichkeit, etwaige Änderungen der Kelchform mit dem Hefteisen vorzunehmen. Hat der Kelch nun die gewünschte Endform erreicht, wird er vom Hefteisen abgeschlagen, sodass nur der Ansatz auf der Unterseite des Bodens zu sehen bleibt, der alte Gläser von den neueren unterscheidet. Der letzte Arbeitsgang beim Glasblasen ist das Abkühlen des Glasgegenstandes im Kühlofen.

Viele große Fürstenhöfe verschrieben sich der Erzeugung von Glas und erkannten diesen Wirtschaftszweig als wahre Goldgrube. Eine der bedeutendsten Glasbläsereien auf österreichischem Boden befand sich im Besitz des Stiftes St. Paul.

St. Vinzenz – Glaspalast in den Bergen – eine klösterliche Glashütte

Abgeschieden liegt in den südöstlichen Teil der Koralpe eingebettet das alte Glasbläserdorf St. Vinzenz. Wer würde hier eines der großartigsten industriellen Unternehmen des alten Innerösterreich vermuten? Und doch war es so! Als die Glasöfen noch glühten und reges handwerkliches Schaffen St. Vinzenz belebte, bewunderte die ganze Welt die filigranen Gläser und Spiegel aus dem Kärntner Bergdorf.

Noch um die Mitte des vorigen Jahrhunderts war der Ort Zentrum und Hochburg der Glasherstellung in Österreich. Die reichen Quarzvorkommen der Koralpe und die Hochwälder, die das Dorf einschlossen, begünstigten die Glasindustrie. Doch in den Rohstoffen allein ist eine Kunst nicht begründet – es bedarf der schöpferischen Fertigkeit, spinnwebfeine Ornamente und luftige Träume in die kristallenen Werke zu bannen. Die Glasbläser von St. Vinzenz haben ihre Fähigkeit wohl als Erbe ihrer alten Heimat (Böhmen,

Deckelpokal, 1720, Stift St. Paul

Mähren) betrachtet, aus der sie nach St. Vinzenz auswanderten.

An den Wurzeln der alten Tradition der Produktionsstätte stand ein kunstsinniger und seiner Zeit weit vorausdenkender Mann – Prälat Albert I. Reichart – Abt des Benediktinerstiftes St. Paul im Lavanttal. Als Träger der Kunst und Kultur waren die Klöster Zentren der Wissenschaft und Bildung und standen auch – vor allem in der Barockzeit – dem Zeitalter der zunehmenden Industrialisierung aufgeschlossen gegenüber.

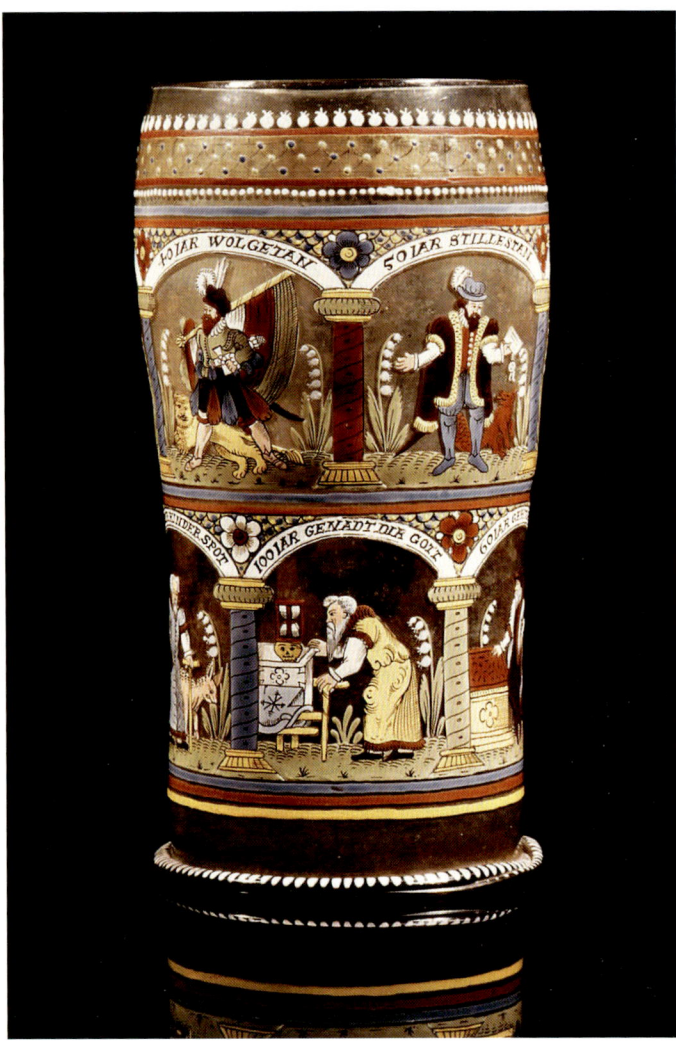

Lebensalterhumpen, Glas, um 1600, Wunderkammer Stift St. Paul

1687 ließ Abt Albert die Glashütte erbauen. Ein zusätzliches wirtschaftliches Standbein zu schaffen mag den Abt veranlasst haben, Vorbildern in der Nachbarschaft nachzueifern.

Sehr bald schon hatte die Erzeugung des Glases und seine kunstvolle Bearbeitung eine hohe Stufe erreicht und der Name St. Vinzenz wurde mit dem Schimmer fein ziselierter Kristallgläser und berühmter Spiegel zu einem Begriff verwoben. Wien wurde die Verkaufsniederlassung der Kärntner Glasindustrie. Der Ruf der Glashütte St. Vinzenz verbreitete sich rasch und Aufträge höchster Häuser brachten Spiegel aus Kärnten in die Prunkgemächer der kaiserlichen Burg in Wien, nach Moskau in den Kreml und ins Schloss von Versailles.

Die ausgezeichnete Qualität der Spiegelplatten war nicht allein rufbegründend, mehr die unerreichte Kunstfertigkeit, mit der die Spiegel geschliffen und zu herrlichem Glanz gebracht wurden.

Johannes Kepler bezog über einen gewissen Erasmus Schormann „4 Pfundt Glasschliff aus Kärnten". Dieser Glasschliff ist ein Erzeugnis der St. Vinzenzer Glasmacher gewesen, wodurch die Tatsache, dass diese sich auf das Herstellen und Schleifen optischer Linsen verstanden, eindeutig belegt werden kann.

Unvergleichlich und von höchster Qualität war ein Pokal, der anlässlich der Heirat Kaiser Leopolds I. mit Margarethe von Spanien gefertigt wurde. Ein Überfangglas, dessen schöne Farbtöne durch den Zusatz von im Lavanttal geschürftem Gold grundgelegt war. Eingebunden in diese Färbung fanden sich an die 5000 Figuren, deren Thematik biblischen und allegorischen Ursprungs waren.

Als Meisterleistung „sui generis" war wohl der Fuß des Pokals zu betrachten, der beim Leeren des Gefäßes den Betrachter durch die Wirkung eines Fernglases verblüffte. Es war möglich, Dinge in einer Entfernung von 10 000 Wiener Fuß (3160 m) zu betrachten. Die Schärfe des Bildes soll so klar gewesen sein, dass Uniformknöpfe und Rangabzeichen beobachteter Soldaten deutlich erkennbar waren.

1683 ließ ein Streich der Geschichte den Pokal ein Opfer der Flucht des kaiserlichen Hofes vor den Türken werden. 1688 verpachtete Abt Albert die Glasbläserei den Glasmeistern Sebastian Gwiczmann und Kaspar Job auf zehn Jahre. 1696 taucht in den Archivalien des Benediktinerstiftes St. Paul ein Christian Gwiczmann auf, dem Abt Albert die Glashütte nun auf Lebenszeit überlässt.

1736 wechselte St. Vinzenz wiederum den Pächter. 1781 verlieh das Benediktinerstift den Betrieb der Familie Voith auf Lebensdauer, wofür dem Kloster jährlich 100 Gulden und 6 Schock Glastafeln entrichtet werden mussten. Nach dem Tod von Dr. Thomas Voith im Jahre 1824 ging St. Vinzenz auf seine Tochter Josefine über, die sich mit Dr. Johann Bapt. Hauptmannsberger vermählte.

Von 1787 bis 1809 waren keine Benediktiner in St. Paul. Das Kloster war aufgehoben und sämtliche Besitzungen dem Religionsfond anheimgefallen. Erst 1809, als Mönche aus St. Blasien im Schwarzwald die Abtei wiederbesiedelten und die Besitzungen des Klosters zurückerhielten, war für die Mönche der Besitzanspruch auf die Glasbläserei St. Vinzenz geltend zu machen. Die Familie Hauptmannsberger, die sich inzwischen als Besitzer der k.u.k. priv. Spiegelfabrik in St. Vinzenz bezeichnete, wollte dieser Besitzrückforderung aber nicht stattgeben. Die Mönche strebten daraufhin einen Prozess an – es kam allerdings zu einem Vergleich, und die Glasfabrik auf der Koralpe wurde sogar neu eingerichtet.

Die früher aus Gründen der Verfeinerung nach Wien gebrachten Spiegelgläser wurden nun sogar in ihrer Erzeugungsstätte selbst geschliffen. Die Glasbläserei St. Vinzenz verfügte über zwei Quarzbrenn- und zwei Temperöfen, einen Kalzium- und einen Glasofen, ein Quarz- und ein Tonpochwerk und zwei Glasschleifmühlen. Die Maschinen wurden durch vier Wasserräder mit einer Leistung von 52 PS betrieben. Von den ursprünglich fast 800 Beschäftigten waren von 1873 bis 1876 noch ca. 120 übriggeblieben. Damals wurden 12 000 Stück gewöhnliches und 10 000 Stück Schleifglas im Jahr hergestellt. Dazu benötigte man 2000 q Quarz, 250 q Ätzkalk, 240 q Pottasche, 200 q Soda und 3200 Klafter viereinhalb Fuß langes Brennholz.

In der Mitte des vorigen Jahrhunderts setzte zunehmend die Verdrängung des teuren Glases aus St. Vinzenz durch billiges Fabrikglas ein. Um 1878 war ein Rückgang des Absatzes durch die Wirren am Balkan zu verzeichnen. Dazu kamen noch die schwierigen Bedingungen der Rohmaterialzufuhr, sowie die Probleme des Abtransportes der Erzeugnisse, da ein Vordringen der Eisenbahn bis in das Koralpengebiet unmöglich war.

Schließlich war man in St. Vinzenz diesen Bedingungen nicht mehr gewachsen und die einst so blühende Glashütte schloss gegen Ende des Jahres 1878 für immer ihre Pforten.

Die kaiserliche Tafel

Die Entwicklung einer geordneten Regelung für die Tafel des Kaiserhauses reicht bis in das frühe Mittelalter zurück. Bereits in den Hofordnungen Kaiser Ferdinands I. (1527 und 1537) kamen den anfänglich noch sehr einfachen Umgangsformen bei Tisch strengere Neuordnungen zu, und ein eigenes Zeremoniell, das die Stellung des Fürsten betonte, wurde eingeführt. Durch die Erziehung des Kaisers und seines Bruders Karl am spanischen Hof war dieses Zeremoniell unverkennbar von Spanien her beeinflusst.

Ebenso findet man burgundische Einflüsse durch Karl V. und später französische Einflüsse durch Franz Stephan von Lothringen. Häufig nahm man die Gelegenheit wahr, beim Essen politische Fragen zu lösen und diplomatische Beziehungen zu vertiefen. Daher hat sich die Tischkultur auch in der Welt der Politik etabliert und nimmt dort nach wie vor eine wichtige Stellung ein.

Unter Kaiser Karl V. setzte sich der Hofstaat aus über 2000 Personen zusammen, denen innerhalb der staatlichen Repräsentation verschiedene Aufgaben zukamen.

Durch Kriege und Zwistigkeiten mit anderen Ländern war auch das Kaiserhaus immer wieder zu Sparsamkeit aufgerufen – und obwohl die Zeit Maria Theresias von vielerlei derartigen Auseinandersetzungen geprägt war, gestaltete sich doch ihre Hofhaltung wesentlich prächtiger und aufwändiger als die ihrer Vorfahren.

Ab ca. 1745 steigerten sich der Aufwand und die Festesfreude, jedoch muss man dabei objektiv bleiben. Das kaiserliche Mahl kann durchaus auch als Wirtschaftsfaktor betrachtet werden. Arbeitsplätze wurden geschaffen, und auch der Aspekt der „Herrschaftlichkeit" darf nicht außer Acht gelassen werden, gewissermaßen eine Machtdemonstration, die den Untertanen eine Identifikationsmöglichkeit bot – wer möchte schon gerne einem „Habenichts" dienen?

Nautiluspokal, Augsburg 1700, Wunderkammer Stift St. Paul

Beim kaiserlichen Tisch unterscheidet man grundsätzlich zwischen der Familientafel und der öffentlichen Tafel, bei der der gesamte Hofstaat anwesend war. Solche „öffentlichen Tafeln" fanden anlässlich des Kaisergeburtstages, zu Ostern, bei Ordensfesten, Neujahrsfeiern, Krönungen, Hochzeiten und Huldigungen statt. Der Kaiser speiste dabei an einer gesonderten Tafel, der sogenannten „Public-Tafel", mit seiner Gemahlin, die ihren Platz links neben ihm hatte. An dieser Tafel saßen auch weitere Familienmitglieder und geistliche Würdenträger. Der Charakter dieser Tafel war bewusst repräsentativ und beschäftigte schon in der Vorbereitung einen ganzen Stab von Köchen und Bediensteten.

Im 19. Jahrhundert speiste der Kaiser bei vielen „Public-Tafeln" überhaupt nicht, sondern nahm lediglich einen Trunk zu sich. Im Anschluss gab es dann eine Familientafel, bei der gegessen wurde.

Von Anlass zu Anlass waren auch die Ordnungen des Kaisertisches verschieden. So versahen auch Personen den Dienst am Tisch, die nicht direkt am kaiserlichen Hof angestellt waren; man nennt solche Ämter am Hof die Erbämter. Immer, wenn ein besonderer Anlass es gebot, wurden alle Inhaber dieser Erbämter an den kaiserlichen Hof gerufen.

Die wichtigsten Funktionen an der Kaisertafel waren jene des Kämmerers (Verwalter des Schatzes und des beweglichen Hausrates am Hof), des Mundschenks, der neben Diensten an der Tafel die Kellerei überwachte, und des Truchsess', der vor allem die Verantwortung für die Verpflegung innehatte. Aus dem 12. Jahrhundert stammt das Amt des Hofmeisters, des Verwalters der gesamten Hofwirtschaft. Für die eigentliche Tischordnung zeichnete der Stabelmeister verantwortlich, dessen Name daher rührt, dass er die gesamten Zeremonien bei Tisch mit einem schwarzen Stab dirigierte.

Dem Stabelmeister unterstanden die Truchsessen, die Mundschenken und die Vorschneider, die bei Tisch die großen Fleischstücke zu zerteilen hatten. Erst zu Beginn des 19. Jahrhunderts erübrigte sich die Aufgabe der Vorschneider, da sich die Gabel als fester Besteckbestandteil durchgesetzt hatte und der Ort der Fleischzerteilung nicht mehr der Speisesaal selbst, sondern die Küche war.

Den Service bei Tisch übernahmen vor allem die Edelknaben, junge Adelige, die ihren Dienst im Zuge ihrer Erziehung am Hof versahen.

Bei den großen „Public-Tafeln" waren die Tische (im 19. Jahrhundert) mit dem Vermeil-Service aus der Hof- und Silberkammer gedeckt, das auch mitgeführt wurde, wenn die öffentlichen Tafeln an einem anderen Ort außerhalb Wiens abgehalten wurden. Ergänzt wurde das Vermeil mit Porzellan, vorzugsweise aus der Wiener Porzellanmanufaktur.

Die öffentliche Tafel

Obersthofmeister

Oberstabelmeister

Unterstabelmeister

| Mundschenk | Vorschneider | Panatier | Truchsessen |

Edelknaben

Die nichtöffentliche Tafel

Obersthofmeister

Tafelinspektor

| Schüsselmänner | Saucen-/Weinmänner | Zuckerbäcker an den Kredenzen |

Jagdbesteck Kaiser Maximilians I., Hans Sumersperger, 1496, Wunderkammer Stift Kremsmünster

Für das Essen bei Hof gab es ein strenges Reglement. Die Oberaufsicht über die Tafel des Kaisers hatte der Obersthofmeister, dem der gesamte Tafelbereich mit all seinen Beamten und Angestellten untergeordnet war.

Völlerei und übertriebenes Trinken war von der kaiserlichen Tafel verbannt, dafür hatte der Unterstabelmeister zu sorgen. Diese Weisung geht auf Kaiser Matthias (1612–1619) zurück. Genauso findet sich in dieser Instruktion des frühen 17. Jahrhunderts eine Ordnung, wie sich die Truchsessen bei Tisch zu verhalten hatten. Sie mussten beim Auftragen der Speisen ordentlich in einer Reihe hintereinander gehen.

Die Kammerherren hatten die Aufgabe, zu begleiten oder bei Tafeln, die in der Geheimen Ratsstube abgehalten wurden, auch zu servieren.

Die klösterliche Mahlkultur

Der heilige Benedikt widmet mehrere Kapitel seiner Ordensregel dem Mahl in der Klostergemeinschaft. Damit wird das gemeinsame Essen zu einer Zelle des Miteinanders in den Klöstern. Die Wurzel für dieses Verständnis ist bereits in den Büchern des Alten Testamentes zu finden, wo Wichtiges durchaus vor dem Hintergrund eines Mahles geschah. So wird von Isaak berichtet, dass er mit Abimelech, dem König von Gadar, und seinen Leuten den Streit beilegte, einen Vertrag schloss und mit ihnen ein Mahl hielt, das diesen Bund bekräftigen sollte: „Da richtete Isaak ein Mahl her, und sie aßen und tranken. Und am Morgen standen sie auf und schwuren sich gegenseitig zu. Isaak entließ sie, und sie schieden von ihm in Frieden" (Gen 26, 26–31). Das Ende der Feindseligkeiten, der Friedensschluss, wird durch das gemeinsame Mahl bekräftigt. Ähnlich wird auch die Aussöhnung zwischen Jakob und Laban durch ein gemeinsames Mahl besiegelt: „Jakob richtete auf dem Berg ein Opfer zu und lud seine Verwandten ein, das Mahl zu halten: Da hielten sie das Mahl und verbrachten die Nacht auf dem Berge" (Gen 31,54).

Das gemeinschaftsbegründende Element des Mahles hat seinen Ursprung im Judentum, wo der Hausvater das Brot nach dem Segen bricht und jedem ein Stück davon reicht. Wer dieses Brotbrechen nicht mitgetragen hatte, durfte an der Mahlgemeinschaft nicht mehr teilnehmen.

Der Ausschluss aus der Mahlgemeinschaft war in den Klöstern die härteste Strafe für Verfehlungen. Wer vom Tisch ausgeschlossen war, musste einiges an Geduld aufbringen, bis er wieder in die Gemeinschaft der Mönche aufgenommen wurde.

Kapitel 35: Der wöchentliche Dienst in der Küche

1. Die Brüder sollen einander dienen. Keiner werde vom Küchendienst ausgenommen, es sei denn, er wäre krank oder durch eine dringende Angelegenheit beansprucht;
2. denn dieser Dienst bringt großen Lohn und lässt die Liebe wachsen.
3. Den Schwachen aber gebe man Hilfe, damit sie ihren Dienst verrichten, ohne traurig zu werden.
4. Überhaupt sollen alle je nach Größe der Gemeinschaft und nach den örtlichen Verhältnissen Hilfe bekommen.
5. Ist die Gemeinschaft größer, sei der Cellerar vom Küchendienst ausgenommen, ebenso wer, wie gesagt, durch wichtigere Angelegenheiten beansprucht ist.
6. Die übrigen Brüder sollen einander in Liebe dienen.
7. Wer den Wochendienst beendet, soll am Samstag alles reinigen
8. und die Tücher waschen, mit denen sich die Brüder Hände und Füße abtrocknen.
9. Die Brüder, die den Wochendienst beginnen und die ihn beenden, sollen allen die Füße waschen.
10. Die benutzten Geräte sollen dem Cellerar sauber und unbeschädigt zurückgegeben werden.
11. Der Cellerar aber übergebe sie dem weiter, der den Dienst antritt. So weiß er, was er gibt und was er zurückerhält.
12. Die Wochendiener sollen (an Fasttagen) vor der einzigen Mahlzeit über das festgesetzte Maß hinaus etwas zu trinken und Brot erhalten,
13. damit sie ihren Brüdern zur Stunde der Mahlzeit ohne Murren und besondere Mühe dienen können.
14. An Festtagen aber müssen sie bis zum Schluss warten.
15. Die Brüder, die den Wochendienst beginnen und die ihn beenden, sollen sich am Sonntag gleich nach dem Morgenlob im Oratorium tief vor allen verbeugen und um das Gebet für sich bitten.
16. Wer den Wochendienst beendet, spreche folgenden Vers: „Gepriesen bist du, Herr und Gott, du hast mir geholfen und mich getröstet."
17. Hat er dreimal so gesprochen und den Segen zum Abschluss seines Dienstes empfangen, folgt, wer den Dienst beginnt, und spricht: „O Gott, komm mir zu Hilfe, Herr, eile mir zu helfen."
18. Auch diesen Vers wiederholen alle dreimal; dann empfängt der Bruder den Segen und beginnt seinen Dienst.

Quelle der Doppelseite: Regula Benedicti, 529 n. Chr., Montecassino.

Kapitel 39: Das Maß der Speise

1. Nach unserer Meinung dürften für die tägliche Hauptmahlzeit, ob zur sechsten oder neunten Stunde, für jeden Tisch mit Rücksicht auf die Schwäche einzelner zwei gekochte Speisen genügen.
2. Wer etwa von der einen Speise nicht essen kann, dem bleibt zur Stärkung die andere.
3. Zwei gekochte Speisen sollen also für alle Brüder genug sein. Gibt es Obst oder frisches Gemüse, reiche man es zusätzlich.
4. Ein reichlich bemessenes Pfund Brot genüge für den Tag, ob man nur eine Mahlzeit hält oder Mittag und Abendessen einnimmt.
5. Essen die Brüder auch am Abend, hebe der Cellerar ein Drittel dieses Pfundes auf, um es ihnen beim Abendtisch zu geben.
6. War die Arbeit einmal härter, liegt es im Ermessen und in der Zuständigkeit des Abtes, etwas mehr zu geben, wenn es guttut.
7. Doch muss vor allem Unmäßigkeit vermieden werden; und nie darf sich bei den Mönchen Übersättigung einschleichen.
8. Denn nichts steht so im Gegensatz zu einem Christen wie Unmäßigkeit,
9. sagt doch unser Herr: „Nehmt euch in acht, dass nicht Unmäßigkeit euer Herz belaste."
10. Knaben erhalten nicht die gleiche Menge wie Erwachsene, sondern weniger. In allem achte man auf Genügsamkeit.
11. Auf das Fleisch vierfüßiger Tiere sollen alle verzichten, außer die ganz schwachen Kranken.

Kapitel 40: Das Maß des Getränkes

1. Jeder hat seine Gnadengabe von Gott, der eine so, der andere so.
2. Deshalb bestimmen wir nur mit einigen Bedenken das Maß der Nahrung für andere.
3. Doch mit Rücksicht auf die Bedürfnisse der Schwachen meinen wir, dass für jeden täglich eine Hemina Wein genügt.
4. Wem aber Gott die Kraft zur Enthaltsamkeit gibt, der wisse, dass er einen besonderen Lohn empfangen wird.
5. Ob ungünstige Ortsverhältnisse, Arbeit oder Sommerhitze mehr erfordern, steht im Ermessen des Oberen. Doch achte er darauf, dass sich nicht Übersättigung oder Trunkenheit einschleichen.
6. Zwar lesen wir, Wein passe überhaupt nicht für Mönche. Aber weil sich die Mönche heutzutage davon nicht

Benedikt und Scholastika halten Mahl, Wandmalerei im Kloster Sacro Speco bei Subiaco

überzeugen lassen, sollten wir uns wenigstens darauf einigen, nicht bis zum Übermaß zu trinken, sondern weniger.
7. Denn der Wein bringt sogar die Weisen zu Fall.
8. Wo aber ungünstige Ortsverhältnisse es mit sich bringen, dass nicht einmal das oben angegebene Maß, sondern viel weniger oder überhaupt nichts zu bekommen ist, sollen Brüder, die dort wohnen, Gott preisen und nicht murren.
9. Dazu mahnen wir vor allem: Man unterlasse das Murren.

Kapitel 41: Die Mahlzeiten

1. Vom heiligen Osterfest bis Pfingsten halten die Brüder zur sechsten Stunde die Hauptmahlzeit und nehmen am Abend eine Stärkung zu sich.
2. Doch von Pfingsten an sollen die Mönche während des ganzen Sommers am Mittwoch und Freitag bis zur neunten Stunde fasten, wenn sie keine Feldarbeit haben und die Sommerhitze nicht zu sehr drückt.
3. An den übrigen Tagen nehmen sie die Hauptmahlzeit zur sechsten Stunde ein.
4. Die sechste Stunde für die Hauptmahlzeit wird auch beibehalten, wenn die Brüder auf dem Feld arbeiten oder die Sommerhitze unerträglich ist; der Abt sorge dafür.
5. Überhaupt regle und ordne er alles so, dass es den Brüdern zum Heil dient und sie ohne einen berechtigten Grund zum Murren ihre Arbeit tun können.
6. Vom 13. September bis zum Beginn der Fastenzeit essen sie nur zur neunten Stunde.
7. Vom Beginn der Fastenzeit bis Ostern halten sie die Mahlzeit erst am Abend.
8. Die Vesper aber wird so angesetzt, dass man bei Tisch kein Lampenlicht braucht. Vielmehr muss alles noch bei Tageslicht fertig werden.
9. Auch zu anderen Jahreszeiten werde die Stunde für das Abendessen oder für die Hauptmahlzeit so gewählt, dass alles bei Tageslicht geschehen kann.

Kettenlöffel, 16. Jahrhundert, Museum für angewandte Kunst, Wien

Der Tisch der Armen

Pauperismus im Spiegel der Jahrhunderte

Die goldene Zeit des Hochmittelalters (11.–13. Jahrhundert) war bald vorüber. Durch Klimaabkühlung und stärkeres Bevölkerungswachstum begründet traten immer häufiger Hungersnöte auf. Im 14. und 15. Jahrhundert war die Versorgung der Menschen bei Weitem nicht mehr gesichert. Kriege, hohe Steuerlasten und Seuchen taten das Ihrige. Schwere Zeiten hatte in Mitteleuropa die Hungersnot von 1315 bis 1317 in ihrem Gefolge.

Die Unsicherheit und Unregelmäßigkeit der Ernten führte dazu, dass sich die englischen Bauern im 15. Jahrhundert im Durchschnitt täglich von 3200 Kalorien ernährten, einer Menge, die für einen Menschen mit leichter Tätigkeit gerade noch zum Leben reicht. Nicht besser war es beispielsweise um die Schüler des „Studium Papale" in Trets (Provence) bestellt, die von 1364 bis 1365 mit 2600 Kalorien ihr Tagesauskommen finden mussten.

Die ungerechte Nahrungsverteilung jener Tage wird einem bewusst, wenn man beispielsweise einen Vergleich zwischen Italien und Frankreich zieht. Venezianische Seeleute bekamen zu Beginn des 14. Jahrhunderts etwa 3900 Kalorien, das ist um einiges kümmerlicher als die Tagesration eines Turmwächters im Schloss Saulx-le-Duc, dem etwa 6000 Tageskalorien zugestanden wurden – die Nahrungsmenge eines Schwerarbeiters.

Die Lage der Armen besserte sich auch fortan nicht. Die Reichen wurden immer reicher und die Armen immer ärmer.

Mit Beginn der Neuzeit wurden sich die Klöster immer mehr der Armenpflege bewusst. In zunehmendem Umfang begannen sich vor allem die Alten Orden (Benediktiner, Zisterzienser...) dieser Aufgabe zu widmen.

Besonders großzügig zeigten sich die Äbte an den besonderen Feiertagen der Klöster. Bei solchen Festen wurden Brot, später Rindfleisch und mitunter sogar Geld an die Armen verteilt.

Diese Maßnahmen konnten allerdings – vor allem in der Barockzeit – ebenso wenig wie dem „Bettlerunwesen" und dem „Armenproblem" den Garaus machen wie die staatliche Polizeimaßnahme, die die Abschiebung in die Geburtsgemeinde oder die Deportation und Zwangseinweisung in Zucht- und Arbeitshäuser vorsah.

Aus den Zuwendungen des Klosters an die Armen entwickelte sich allmählich die „Klostersuppe", um die täglich Bedürftige an der Klosterpforte anklopften.

Chroniken, Bilder und anderes Dokumentationsmaterial aus allen Epochen berichten von Scharen Bedürftiger, die von Haus zu Haus gingen, um einen Bissen Brot oder ein warmes Gericht zu erbitten.

Die Kirche sieht in der „Armenspeisung" ein wohltätiges Werk, das Bezug auf das biblische Wort nimmt: „Was ihr dem Geringsten meiner Brüder getan habt, das habt ihr mir getan."

Der heilige Benedikt spricht in seiner Regel davon, dass man die Armen aufnehmen soll wie Christus – und erklärt die Gastfreundschaft zu einem der Hauptgebote einer christlichen Mönchsgemeinschaft.

In vielen Klöstern gab es einen eigenen Raum, in dem ein großer Tisch stand, der sich mittags mit Armen füllte. Einfaches Gerät und einfache Speisen charakterisierten den „Armentisch". Es klingt fast wie eine Ironie der Geschichte, wenn man heutzutage in Nobelrestaurants unter den köstlichsten Gerichten sozusagen als „Schmankerl" ein „Armengericht" wählen kann. Arm will sich hier als arm an nahrhaften Proteinen verstanden wissen. Grundnahrungsmittel ist das Getreidemehl. Es bildet die Basis für alle Arten von Brot, Polenta und Fladen, die unter Beimengung von Salz und Wasser bereitet werden. Das Wasser war oft in der „Armenspeisenbereitung" mit Kräutern versetzt und, mit anderen Ackerfrüchten (Kartoffeln, Zwiebeln oder Bohnen) aufgekocht, zur traditionellen „Klostersuppe" geworden.

Verhältnis von Löhnen und Preisen

Löhne pro Tagwerk (1690–1740)

Maurer	15–17 Kreuzer
Zimmermann	15 Kreuzer
Steinmetz m. Kost	12 Kreuzer
Steinmetz o. Kost	16–17 Kreuzer
Hilfsarbeiter	3–4 Kreuzer
Putzfrau	3–4 Kreuzer

Preise von ausgewählten Lebensmitteln (1690–1740)

Schmalz (1 Pfund)	9–12 Kreuzer
Kalb (1 Stück)	90 Kreuzer
Ochse (1 Stück)	30–32 Gulden
Lamm (1 Stück)	25–35 Kreuzer
Schaf (1 Stück)	70–80 Kreuzer
Huhn (1 Stück)	13–14 Kreuzer
Wildhase (1 Stück)	6 Kreuzer
Karpfen (1 Stück)	8–9 Kreuzer
Forelle (1 Pfund)	15–19 Kreuzer
Hecht (1 Pfund)	15 Kreuzer
Lachs (1 Pfund)	17–18 Kreuzer
Krebse (10 Stück)	3–25 Kreuzer
Schnecken (100)	18–20 Kreuzer
Parmesan (1 Pfund)	24–27 Kreuzer
Holl. Käse (1 Pfund)	15–16 Kreuzer
Rohrzucker (1 Pfund)	33–37 Kreuzer
Reis (1 Pfund)	8–9 Kreuzer
Pfeffer (1 Pfund)	36–40 Kreuzer
Artischocken (1 Lot)	15 Kreuzer
Zwiebeln (100)	3 Kreuzer
Orangen (1 Stück)	4–5 Kreuzer
Zitronen (1 Stück)	3–10 Kreuzer
Rosinen (1 Pfund)	9–12 Kreuzer
Mandeln (1 Pfund)	17–29 Kreuzer
Muskatblüten (1 Pfund)	8–9 Gulden
Muskatnüsse (1 Pfund)	3–4 Gulden
Zimt (1 Pfund)	3–4 Gulden

Umrechnungsschlüssel:

60 Kreuzer	1 Gulden
32 Lot	1 Pfund
1 Pfund	561 Gramm
1 Lot	17,53 Gramm

Quelle: Archiv des Stiftes Seitenstetten, Niederösterreich.

Seite 30/31: Kochbuch, 1717, Stift St. Paul

Vorspeisen

Sommerliche Salate mit Kartoffeldressing, Eierschwammerln und gekräuterten Hühnerfiletscheiben

Zutaten für 4 Personen:

1 Kopf Radicchio
1 Kopf Häuptelsalat
50 g Vogerlsalat
50 g Rucolasalat
50 g gelber Friséesalat

400 g Eierschwammerl, klein und geputzt
1 Schalotte
1 Knoblauchzehe
1 EL Petersilie, gehackt
20 g Butter
1 EL Olivenöl
1 Spritzer Weißwein
Salz, Cayennepfeffer

4 Hühnerbrüste ohne Haut und Knochen
Kräuter (Basilikum, Estragon, Petersilie, Kerbel, Rosmarin), gehackt
100 g Butter
Salz, weißer Pfeffer, Rosmarin, Thymian, Zitronenschale von einer Zitrone

4 große, mehlige Kartoffeln, gekocht, geschält und durch eine Presse gedrückt
2 Eidotter
1/8 l Olivenöl
1/4 l Rinderbrühe
1 Messerspitze Krenpaste
1/8 l Crème fraîche
Salz, Pfeffer, Muskat

■ Backrohr auf 80°C vorheizen, Butter zerlassen, mit Zitronenschale, Thymian und Rosmarinzweigen versetzen, Hühnerbrüste mit Salz und Pfeffer würzen und in eine Auflaufform geben, Gewürzbutter darüber gießen und das Ganze mit einer Klarsichtfolie abdecken (die Folie muss gespannt sein). Danach für ca. 30 Min. in das Backrohr geben.

■ Für das Dressing die Eidotter mit Kren, Salz, Pfeffer und dem Olivenöl aufmixen, bis eine mayonnaiseartige Konsistenz entsteht. Danach so lange die Rinderbrühe mitmixen, bis das Dressing sämig wird, und zum Schluss die Crème fraîche einrühren.

■ Die Salate waschen und trocken schleudern, dann auf die Teller setzen, salzen, das Dressing darüber nappieren, die Hühnerbrust aus dem Ofen nehmen, in den gehackten Kräutern wenden und in feine Scheiben schneiden.

■ Die Eierschwammerl im Öl-Buttergemisch anbraten, die fein gehackte Schalotte und die Knoblauchzehe beigeben und mit Salz und Pfeffer würzen. Mit einem Spritzer Weißwein ablöschen, die Petersilie beigeben und anschließend über den Salat geben.

Kürbisschaumsuppe mit Ingwer und geröstetem Speck

2 EL Öl
600 g Muskatkürbis, gewürfelt in 1 cm Stücke
3 Schalotten, gehackt
1/2 l Rinderbrühe
2 EL Butter
Salz, Cayennepfeffer
1/4 l Schlagobers
4 EL Crème fraîche
20 g Ingwer, gerieben
1 EL Kernöl
100 g Speck, gewürfelt und ausgebraten

■ Kürbis und Schalotten sowie Ingwer anschwitzen und mit der Rinderbrühe aufgießen, ca. 20 Minuten leise köcheln lassen, Schlagobers, Crème fraîche und Kernöl beigeben. Einmal aufkochen lassen, mit einem Stabmixer aufmixen und mit Salz und Pfeffer abschmecken. Die Suppe anrichten, mit dem gerösteten Speck und etwas Petersilie vollenden.

Schaumsuppe von der Petersilienwurzel mit Räucherforellenciabatta

Zutaten für 4 Personen:

400 g Petersilienwurzel, geputzt und in Würfel geschnitten
4 Schalotten
1/4 l Schlagobers
1 l Rinderbrühe
2 große, mehlige Kartoffeln, geschält und gewürfelt
50 g Butter
1/8 l Weißwein
1 EL Zitronensaft
Salz, Pfeffer, Muskat
2 EL Crème fraîche
2 EL Petersilie, fein geschnitten

Für die Räucherforellenciabatta:
2 Räucherforellenfilets
1 EL Olivenöl
etwas Zitronenabrieb
1 EL Dill, gehackt
1 Eidotter
2 EL Crème fraîche
1 Ciabattabrot, in Scheiben geschnitten
Salz, Cayennepfeffer

■ Die Schalotten fein schneiden, in Butter mit den Petersilienwurzelwürfeln und den Kartoffelwürfeln glasig anschwitzen, mit Weißwein und Zitronensaft ablöschen, dann mit Rinderbrühe und Schlagobers aufgießen.

■ Die Suppe ca. 25 Minuten köcheln lassen, danach mit dem Stabmixer aufmixen und durch ein Passiersieb abseihen. Die Suppe mit Salz, Pfeffer und Muskat würzen, zum Schluss Crème fraîche und Petersilie einmixen.

■ Für die Räucherforellenciabatta die Filets enthäuten und zusammen mit der Crème fraîche, dem Olivenöl, dem Zitronenabrieb und den Kräutern fein pürieren. Mit Salz und Cayennepfeffer würzen.

■ Die Ciabattabrotscheiben in Olivenöl beidseitig goldbraun anbraten, mit einem Küchenkrepp abtupfen, mit der Masse bestreichen und zur Suppe reichen.

Rindfleischsuppe mit Milzroulade

Für die Suppe:

1 kg Rindsknochen
2 l Wasser
1 kleiner Sellerie
3 Karotten
1 Peterwurzel
1/2 Stange Lauch
2 gebräunte Zwiebeln
200 g Suppenrindfleisch
2 Lorbeerblätter
8 Pfefferkörner
Salz
1 Zweig Liebstöckel und Petersilie

Für die Milzrollen:

100 g ausgeschabte Milz
2 Semmeln
1/8 l Milch
80 g Butter
50 g Zwiebeln
2 Eier
50 g Brösel
2 EL Petersilie, fein geschnitten
Majoran, Pfeffer, Salz
etwas Öl für die Serviette

■ Für die Suppe die Rindsknochen einmal überkochen und mit kaltem Wasser abschrecken, Rindsknochen erneut zustellen, Rindfleisch und gebräunte Zwiebel beigeben, salzen und ca. 1,5 Stunden leicht köcheln lassen. Geputztes Gemüse und restliche Gewürze beigeben und noch ca. eine Stunde leise köcheln lassen.

■ Suppe durch ein Sieb mit einem Passiertuch seihen und nachschmecken.

■ Für die Roulade die Semmeln in Milch einweichen und gut ausdrücken, die Zwiebel in der Butter glasig schwitzen.

■ Die Butter mit den Eiern schaumig rühren, die ausgedrückten Semmeln, die Zwiebeln, zwei Drittel der Brösel und die restlichen Gewürze beigeben und gut vermengen.

■ Die Masse in zwei Hälften teilen, einen Teil mit der Milz und mit den restlichen Bröseln vermengen.

■ Die Stoffserviette befeuchten und befetten, die weiße Masse zu einem Rechteck 1 cm dick auftragen, aus der Milzmasse eine Rolle formen und auf das Rechteck legen. Zu einer Roulade einrollen und die Enden mit Spagat fest verbinden. Im leicht wallenden Salzwasser ca. 45 Minuten lang köcheln.

■ Danach die Roulade aus der Serviette nehmen, in 0,5 cm starke Scheiben schneiden und in die heiße Suppe geben. Mit Schnittlauch garnieren.

Rindfleischsuppe mit Basilikum-Pinienkernfrittaten

Für die Suppe:
1 kg Rindsknochen
2 l Wasser
1 kleiner Sellerie
3 Karotten
1 Peterwurzel
1/2 Stange Lauch
2 Zwiebeln, gebräunt
200 g Suppenrindfleisch
2 Lorbeerblätter
8 Pfefferkörner
Salz
1 Zweig Liebstöckel und Petersilie

Für die Basilikum-Pinienkernfrittaten:
130 ml Milch
3 Eier
50 g Butter
900 g Mehl, glatt
1 kleines Bund Basilikum
1 EL Pinienkerne, geröstet und gemahlen
Salz, Muskat
etwas Olivenöl
Butterschmalz zum Ausbacken

■ Für die Suppe die Rindsknochen einmal überkochen und mit kaltem Wasser abschrecken, erneut zustellen, Rindfleisch und gebräunte Zwiebel beigeben, salzen und ca. 1,5 Stunden leicht köcheln lassen. Geputztes Gemüse und restliche Gewürze beigeben und noch ca. eine Stunde leise köcheln lassen.

■ Suppe durch ein Sieb mit einem Passiertuch seihen und nachschmecken.

■ Für die Frittaten das Basilikum waschen, entstielen und mit etwas Olivenöl pürieren. Die Butter braun werden lassen und abkühlen. Milch, Eier und Mehl zu einem glatten Teig rühren, zum Schluss die braune Butter, das Basilikumpüree und die gemahlenen Pinienkerne einrühren. In einer Pfanne mit Butterschmalz die Palatschinken ausbacken und auskühlen lassen, danach in feine Streifen schneiden und in die heiße Rinderbrühe geben.

Fastensuppe mit Sesam und Kräutern

50 g weißer Sesam
100 g Olivenöl
200 g Karotten
200 g gelbe Rüben
200 g Sellerie
200 g Lauch
1 kg Kartoffeln
2 l Gemüsesuppe
Meersalz, weißer Pfeffer, Muskatblüte
200 g Kräuter (Kerbel, Petersilie, Liebstöckel, Schnittlauch, Dill)
20 g getrocknete Tomaten

■ Das Gemüse putzen, in kleine Würfel schneiden und zusammen mit dem Sesam in Olivenöl anschwitzen (ohne Lauch) und mit Gemüsesuppe (notfalls genügt eine biologische Suppenpaste) aufgießen.

■ Die Suppe mit Meersalz, Pfeffer und Muskat würzen, einmal aufkochen lassen und 20 Minuten ziehen lassen.

■ Zum Schluss den Lauch, die Kräuter und die getrockneten Tomaten beigeben, nachschmecken und mit einem Schuss Olivenöl vollenden.

Tipp: Als Einlage kann man auch sehr gut Fischwürfel oder Tofu verwenden!

Fastensuppe aus Bohnen und Getreide mit Hühnerfleisch

Zutaten für 4 Personen:

3 EL Olivenöl
2 Gemüsezwiebeln, fein geschnitten
2 EL Dinkelmehl
1 TL Paprika, gemahlen
1 kleiner Sellerie, in Streifen geschnitten
2 Karotten, in Streifen geschnitten
1 1/2 l Gemüsesuppe
100 g weiße Bohnen, gekocht
150 g Rollgerste, eingeweicht und gekocht
2 Lorbeerblätter
2 frische Zweige Majoran
Kümmel, gemahlen
2 Knoblauchzehen, fein geschnitten
2 Hühnerbrüstchen, gekocht und in Würfel geschnitten
2 EL Petersilie, fein geschnitten
Salz, Pfeffer, Muskat

■ Die Zwiebel mit dem Dinkelmehl in Olivenöl braun rösten und mit der Gemüsesuppe aufgießen. Paprikapulver, Majoranzweige, Knoblauch und Gemüsestreifen beigeben, mit Salz, Pfeffer und Muskat würzen und 20 Minuten leicht köcheln lassen.

■ Danach die Rollgerste, Bohnen und Hühnerfleisch beigeben und abermals 15 Minuten leicht köcheln lassen.

■ Zum Schluss die Suppe nochmals abschmecken und mit der Petersilie servieren.

Benediktinersuppe

2 EL Butter
3 Schalotten, fein geschnitten
1 Schuss Weißwein
2 EL Petersilie, fein geschnitten
1 EL Basilikum, fein geschnitten
1 1/2 l Hühnersuppe
2 EL Goldgrieß
3 EL Schlagobers
2 Eigelbe
Salz, Cayennepfeffer, Muskat
1 Messerspitze Safran

■ Butter in einem Topf zergehen lassen, Schalotten darin anschwitzen, mit Weißwein ablöschen und mit der Hühnersuppe aufgießen. Den Goldgrieß einrühren und 15 Minuten leicht köcheln lassen. Mit Salz, Cayennepfeffer und Muskat abschmecken.

■ Die Eigelbe mit dem Safran und der Sahne verrühren und zügig in die Suppe einrühren. Petersilie und Basilikum beigeben und abschmecken.

■ Die Suppe darf nicht mehr kochen, da das Eigelb sonst ausflockt.

Fastensuppe der Mönche

1 1/2 l Gemüsebrühe
1 Zwiebel
2 EL Öl
2 EL Rotweinessig
1/2 TL Salz
1 Prise Zucker
500 g Sauerkraut
1 große Karotte
1 Sellerieknolle
1 EL Zitronensaft
1 Lorbeerblatt
1/2 Becher Sauerrahm
1 EL gehackte Petersilie

■ Die Zwiebel würfeln. Das Öl in einem Topf erhitzen und die Zwiebelwürfel darin glasig braten. Das Sauerkraut zugeben, mit dem Essig, dem Salz und dem Zucker würzen und eine Tasse Gemüsebrühe zugießen.

■ Die Karotte und den Sellerie raspeln, mischen und mit dem Zitronensaft beträufeln. Schließlich das Gemüse mit dem Lorbeerblatt und der restlichen Brühe zum Sauerkraut geben und alles 25 Minuten kochen lassen.

■ Mit Sauerrahm und Petersilie garniert servieren.

Suppe des Mohrenkönigs

2 große Zwiebeln
1 Tasse Quinoa-Körner
400 g Gemüse (z. B. Karotten, Lauch, Sellerie, Kartoffeln)
1 TL Paprikapulver
1 TL Kümmel
1 Lorbeerblatt
Salz und Pfeffer
frische Küchenkräuter
2 l Gemüsebrühe
(man kann auch Suppenknochen auskochen)

■ Quinoa (Inka-Weizen) waschen und in die kochende Brühe geben. Nach 10 Minuten das Gemüse und die Gewürze beimischen. Alles zusammen weitere 15 Minuten köcheln lassen, anschließend die Suppe abschmecken und mit frischen Küchenkräutern garnieren.

Mohrenkönig, Donauschule, um 1520, Stift St. Paul, Graphisches Kabinett

Seltsame Klostersuppe

1 Zwiebel
1 EL Öl
3 Bananen
3/4 l Brühe
2–3 TL Curry
Salz
1 Prise Zucker
2 TL Paprikapulver
1 EL Speisestärke
1/8 l süße Sahne
1 EL gewürfelte Tomatenpaprika
(kann auch aus dem Glas sein)

■ Zwiebel fein würfeln und im erhitzten Öl andünsten. Bananen schälen, einige Scheiben beiseite legen, den Rest zerdrücken und zu den Zwiebeln geben. Fleischbrühe angießen, Gewürze zugeben und alles bei geringer Hitze ca. 10 Minuten köcheln lassen.

■ Mit in Sahne angerührter Speisestärke binden, Bananenscheiben und Paprikawürfel in die Suppe geben und diese mit etwas Currypulver bestreuen.

Erdnuss-Suppe

1 Tasse Erdnüsse (oder 1/2 Tasse pürierte Erdnüsse aus dem Reformhaus)
1 l Suppenbrühe
1 Zwiebel
2 Karotten
2 Kartoffeln
1/4 Tasse Reis
1/2 Tasse Erbsen, frisch oder aus der Dose
Salz, Pfeffer, Paprikapulver

■ Zunächst die geschälten Erdnüsse mit ein bisschen Brühe pürieren. Zwiebel fein hacken, Kartoffeln und Karotten würfeln. Den Erdnussbrei in der restlichen Brühe mit Zwiebeln, Kartoffeln und Karotten etwa eine halbe Stunde kochen lassen.

■ Den Reis in der Suppenbrühe kochen, später die Erbsen zufügen. Noch einmal ein paar Minuten kochen und mit Salz, Pfeffer und Paprikapulver abschmecken.

Benediktinische Gemüsesuppe

500 g gemischtes Gemüse (Kartoffel, Karotten, Lauch, Paprika, Sellerie, Zwiebel, Knoblauch)
1–2 EL Öl
40 g Mehl
1/2 l Brühe
Salz
Petersilie
Kräuter nach Geschmack

■ Gemüse fein schneiden, im heißen Öl kurz andünsten, mit Mehl bestäuben, Brühe aufgießen und etwa 30 Minuten weich kochen. Suppe abschmecken, mit Petersilie bestreuen und anrichten. Dazu passen geröstete Brotwürfel oder Baguette.

Hofmeister-Suppe

1–2 EL Öl
2 Zwiebeln
750 g Fleischtomaten
1 Bund Basilikum
1/2 l Wasser
1 Becher Crème fraîche
Salz, Pfeffer
1 TL Zucker
1 alte Semmel

■ Die Zwiebeln schälen, halbieren, in Ringe schneiden und in Öl andünsten. Tomaten waschen, vierteln, Blütenansatz entfernen, zu den Zwiebeln geben und kurz mitdünsten. Basilikumstiele dazugeben, mit Wasser aufgießen, zugedeckt ca. 25 Minuten köcheln lassen, bis die Tomaten zerfallen. Dann die Tomaten durch ein Sieb streichen und nochmals aufkochen lassen. 1 EL Crème fraîche zum Garnieren abzweigen, den Rest mit dem Schneebesen unter die Suppe rühren. Die Suppe mit Salz, Pfeffer und Zucker abschmecken und in eine vorgewärmte Suppenschüssel umfüllen.

■ Basilikumblätter schneiden und mit der Crème fraîche über die Suppe geben. Schließlich die Semmel würfeln, in Butter rösten und getrennt zur Suppe servieren.

Fürstabt-Suppe

30 g getrocknete Steinpilze
2 gehäufte EL Dinkelvollkornschrot
1/4 l lauwarme Gemüsebrühe
1–2 EL Öl
1 kleines Stück Sellerie
1 Stange Lauch
2 Karotten
3/8 l Gemüsebrühe
Meersalz
weißer Pfeffer
1 Prise Muskat
Kräuter zum Garnieren

■ Die getrockneten Steinpilze in einer Schüssel mit der Brühe übergießen und eine halbe Stunde quellen lassen. Das Öl erhitzen und die in Streifen geschnittenen Karotten darin anschwitzen, den Sellerie und den Lauch dazugeben, den Dinkelschrot darüber geben und ebenfalls anschwitzen. Mit Gemüsebrühe aufgießen und bei mäßiger Hitze 10 Minuten garen. Immer wieder umrühren, damit nichts festkocht.

■ Die Steinpilze klein schneiden und in die Suppe geben. Mit Salz, Pfeffer und Muskat abschmecken. Man kann, wenn man will, etwas süße Sahne dazu geben. Mit Kräutern garnieren.

Novizen-Suppe

1 kg Kürbisfleisch
Salz
Pfeffer
Estragon
Kerbel
Saft einer 1/2 Zitrone
1–2 EL Öl
1 Becher Crème fraîche
1 EL Mehl

■ Kürbisfleisch würfeln, mit Salz und Zitronensaft mischen und ca. 2 Stunden durchziehen lassen. Den bitteren Saft abgießen. Öl in einem großen Topf erhitzen und die Kürbisstücke darin andünsten. Mit Salz und Pfeffer würzen und zugedeckt garen lassen. Etwa 1/3 der Menge pürieren, die restlichen Kürbiswürfel zugeben. Suppe mit Gewürzen und Kräutern abschmecken, Crème fraîche mit Mehl glatt rühren und die Suppe damit binden.

Kürbiscremesuppe

1 Zwiebel
300 g Kürbisfleisch
1 große Karotte
1 mittelgroße Petersilienwurzel
1 dünne Stange Lauch
1 EL Butter
1 l Gemüsebrühe
Salz, weißer Pfeffer
1 EL Öl
100 ml süße Sahne
1/2 Bund Schnittlauch
1 Kartoffel

■ Die Zwiebel abziehen und hacken, das Kürbisfleisch klein würfeln. Die Karotte mit allen saftigen grünen Blättern in dünne Ringe schneiden. Die Butter erhitzen, Zwiebel und Kürbisfleisch darin bei mittlerer Hitze anbraten. Die zerkleinerte Kartoffel, die Petersilienwurzel, drei Viertel der Lauchringe, Brühe, Salz und Pfeffer zugeben, aufkochen und zugedeckt bei schwacher Hitze 20 Minuten garen. Inzwischen das Öl erhitzen. Nun die restlichen Lauchringe darin bei mäßiger Hitze anbraten. Die Suppe pürieren, Sahne unterrühren, erhitzen, aber nicht mehr kochen. Suppe mit Salz und Pfeffer abschmecken, auf vorgewärmten Tellern servieren und mit dem gebratenen Lauch und Schnittlauch garnieren. Geröstete Brotwürfel oder gegarter Reis machen die Suppe kräftiger.

Traditionelle Klostersuppe

6–8 alte Semmeln
etwas Milch
6 gekochte Kartoffeln vom Vortag
250 g Emmentaler
2 mittelgroße Zwiebeln
Petersilie
3 Eier
Salz
Fett zum Braten
Gemüsebrühe

■ Die Semmeln fein schneiden, mit etwas warmer Milch anfeuchten. Kartoffeln und Emmentaler fein reiben. Die fein geschnittenen Zwiebeln goldgelb andünsten und die feingehackte Petersilie zugeben. Alles zu den Semmeln geben, die Eier unterheben und mit wenig Salz abschmecken.

■ Aus dem Teig kleine Knödel formen, flachdrücken und in der Pfanne mit heißem Fett von beiden Seiten schön goldgelb braten.

■ In Suppentellern anrichten und mit einer guten Gemüsebrühe auffüllen.

Die Bibelsuppe

2 l Joh 4,7
2–3 TL Mt 5,13
ein wenig vom 3. Gewürz aus Mt 23,23
250 g Mt 22,4
150 g Lk 15,15
1 paar Hebr 4,12
150 g vom dritten aus Lk 11,42
150 g vom Inhalt der Lk 15,16
die letzten Ingredienzien von Num 11,5
das Zweite aus Mt 23,23

■ Genuss ohne Reue: Dieses Rezept ergibt eine hervorragende Gemüsesuppe – Probieren Sie es aus!

■ Man nehme zwei Liter Joh 4,7, zwei bis drei TL Mt 5,13, ein wenig vom dritten Gewürz aus Mt 23,23, 250 g Mt 22,4, 150 g Lk 15,15 und (falls vorhanden) auch ein paar Hebr 4,12.

■ Diese biblischen Ingredienzien lasse man dann anderthalb Stunden kochen. Zur Steigerung der Erbaulichkeit füge man hinzu: 150 g vom Dritten aus Lk 11,42 (was der Garten so hergibt, wonach es dem Gaumen verlangt), unbedingt 150 g von Lk 15,16, welche dort den Schweinen schmecken. Damit es ganz apart wird, fügen wir die letzten drei Ingredienzien von Num 11,5 hinzu (bitte: in Maßen!). Schlemme man es allerdings nicht ohne das Zweite aus Mt 23,23.

Achtung an alle Köche: „Geht und forscht sorgfältig nach, und wenn ihr es gefunden habt, berichtet es mir!" (Mt 2,8)

Mit Herodes wünschen wir viel Erfolg und guten Appetit!

Landsknecht-Suppe

700 g mehlig kochende Kartoffeln
1 Stange Lauch
1 Karotte
1 Zwiebel
1/2 Bund frischer Thymian
2–3 scharfe grüne Peperoni
1 EL Olivenöl
2/3 l Gemüsebrühe
1/4 l Milch
Salz

■ Die Kartoffeln waschen, schälen und klein würfeln. Den Lauch putzen, längs aufschneiden und gründlich waschen. Die Karotte und die Zwiebel schälen, fein hacken, den Thymian waschen, Blättchen abzupfen, einige davon zum Garnieren beiseite legen. Die Peperoni abtropfen lassen und fein hacken. Die Butter in einem Topf erhitzen. Lauch, Zwiebel und Thymian darin unter ständigem Rühren zwei Minuten andünsten. Kartoffeln und Peperoni dazugeben, kurz mitdünsten. Brühe und Milch aufgießen und aufkochen lassen. Die Suppe zugedeckt bei mittlerer Hitze 15–20 Minuten köcheln lassen, bis die Kartoffeln weich sind. Nun kurz die Suppe mit dem Pürierstab durchmixen, dabei die Kartoffeln nur grob zerkleinern. Die Suppe mit Salz abschmecken, mit dem restlichen Thymian bestreuen und servieren.

St. Pauler Brezensuppe

6–8 Brezen
1 l Rinderbrühe
1 Zwiebel
150 g Bergkäse
50 g Butter

■ Die Brezen und die Zwiebel in Würfel schneiden und anrösten. Zusammen mit dem geriebenen Bergkäse auf Suppenteller aufteilen, mit heißer Rinderbrühe übergießen und mit Schnittlauch garnieren.

Forstmeister-Suppe

1/2 l Hühnerbrühe
1 gehäufter EL Mehl
1 gehäufter EL Butter
Salz, Pfeffer, Kümmel
1/2 l Sauermilch oder Buttermilch
1/2 Becher Sauerrahm
frisches Schwarzbrot
Kartoffeln

■ Butter zerlassen, Mehl hinzugeben, mit einem Schneebesen verrühren, mit Hühnersuppe aufgießen und aufkochen lassen. Dazu wird ein halber Liter Sauermilch oder Buttermilch gegeben und alles noch einmal kurz aufgekocht. Salz und Kümmel je nach Geschmack und vor dem Anrichten einige Löffel sauren Rahm hinzugeben. Zu gerösteten Kartoffeln und frischem Bauernbrot eine Delikatesse!

Gefangenen-Suppe

500 g Kartoffeln
1 Stange Lauch
1 Zwiebel
1 EL Öl
1 l Gemüsebrühe
1 Karotte
Salz
2 Scheiben Toastbrot
1 EL Petersilie, gehackt

■ Die Kartoffeln schälen, in kleine Würfel schneiden und mit Wasser bedeckt zur Seite stellen. Den Lauch putzen, waschen und in Ringe schneiden. Die Zwiebel schälen und fein würfeln. Nun die Zwiebel und den Lauch in Öl fünf Minuten andünsten. Mit Gemüsebrühe aufgießen und aufkochen lassen. Die Kartoffeln in die Brühe geben und wieder zum Kochen bringen. Die Karotte putzen, waschen, fein würfeln und in die Suppe geben, salzen und 20 Minuten leicht kochen lassen. Inzwischen das Toastbrot goldgelb toasten und in Würfel schneiden. Die fertige Suppe mit den Toastbrotwürfeln und der Petersilie bestreuen.

Abt Bruno-Suppe

1 kg rote Paprikaschoten
3 Zwiebeln
30 g Öl
1/2 l Gemüsebrühe
30 g Mandelblättchen
1/4 l Sahne
Salz
Pfeffer
3 EL Paprikamark
2 EL Kren
1 Prise Zucker

■ Paprikaschoten vierteln, putzen und mit der Hautseite nach oben auf ein Backblech legen. 10 Minuten grillen, bis die Haut dunkelbraun ist und Blasen wirft. Paprika kurz mit einem feuchten Tuch abdecken, dann die Haut abziehen. Das Fruchtfleisch grob zerkleinern. Zwiebeln würfeln und in Öl glasig dünsten. Paprikastücke dazugeben und andünsten. Mit Brühe auffüllen und zugedeckt bei milder Hitze 30 Minuten kochen lassen. Die Mandelblättchen goldbraun rösten, die Sahne steif schlagen und die Suppe pürieren. Mit Salz, Pfeffer, Paprikamark, Meerrettich und Zucker kräftig würzen. Die Hälfte der Sahne unter die Suppe rühren, die restliche Sahne und die Mandelblättchen vor dem Servieren auf die Suppe geben.

Hauptgerichte

Wurzelgemüse mit Kernölschaum und gekochtem Schulterscherzel

Zutaten für 4 Personen:

1 kg Schulterscherzel
3 Karotten
1/2 Sellerie
1/2 Stange Lauch
2 Zwiebel, gebräunt
1 Lorbeerblatt, Pfefferkörner, Senfkörner,
1 Kräuterbund (Estragon, Petersilie, Kerbel), Salz
1 Spritzer Essig

Für das Wurzelgemüse:
3 Karotten
3 gelbe Rüben
1 Sellerie
3 Peterwurzen
1/8 l Apfelessig
2 EL Dijonsenf
1 EL Staubzucker
Salz, Cayennepfeffer
etwas Suppe vom Fleisch

Für den Kernölschaum:
8 EL Mayonnaise
4 EL Crème fraîche
1/8 l Kernöl
Salz, Pfeffer
1 Spritzer Zitronensaft

■ Das Schulterscherzel in heißem Öl rundherum scharf anbraten. Wasser aufkochen lassen, Schulterscherzel einlegen, salzen und leise köcheln lassen. Eine halbe Stunde vor Beendigung des Kochvorgangs die Gewürze und das Gemüse beigeben.

■ Für das marinierte Wurzelgemüse Gemüse putzen und mit der Aufschneidermaschine in 2 mm feine Blätter schneiden. Für den Sud den Essig mit Gewürzen und Senf aufkochen, das Gemüse einlegen und einmal aufkochen, zudecken und durchziehen lassen. Mit Salz, Cayennepfeffer und Muskat abschmecken.

■ Für den Kernölschaum Mayonnaise, Crème fraîche, Kernöl und Zitronensaft mit etwas Rinderbrühe mit dem Stabmixer schaumig mixen und mit Salz und Pfeffer abschmecken.

■ Das Gemüse abtropfen lassen und auf die Teller geben, mit dem Kernölschaum drapieren und zum Schluss das dünn geschnittene Fleisch (0,3 mm) darüber geben. Mit Schnittlauch und gerösteten Kürbiskernen verfeinern.

Kalbschulter aus dem Kräutersud mit glasiertem Bierrettich

Zutaten für 4 Portionen:

1 kg Kalbschulter
Salz, schwarzer Pfeffer
1/2 l Rinderbrühe
1 Zwiebel
200 g Wurzelgemüse in Würfeln (Sellerie, Karotten, Lauch)
1 Bund Kräuter mit Rosmarin, Salbei, Thymian, Oregano, Majoran
1/8 l Weißwein
Pfefferkörner, Senfkörner, Lorbeerblatt
Saft einer Zitrone
60 g kalte Butter

Für den Bierrettich:
2 Stück Bierrettich, mit der Schneidemaschine in 3 mm starke Blätter geschnitten
60 g Butter
1 EL Zucker
1/8 l Rinderbrühe
2 EL Schnittlauch, geschnitten
Salz, Pfeffer, Muskat

■ Die Kalbschulter mit Salz und Pfeffer würzen und anbraten, Fleisch herausnehmen, Wurzelgemüse mit Zwiebel anbraten, mit Weißwein und Suppe ablöschen und etwas reduzieren. Kräuter, Gewürze und Fleisch wieder beigeben und zudecken. Das Fleisch im Ofen bei 150° C 130 Minuten lang garen lassen.

■ Danach das Fleisch herausnehmen und in Alufolie rasten lassen. Den Saft passieren und einkochen lassen, mit Salz, Pfeffer und Zitronensaft abschmecken und mit der kalten Butter binden.

■ Den Bierrettich mit der Schneidemaschine in 3 mm starke Blätter schneiden und in Salzwasser blanchieren, danach in Eiswasser abschrecken und trocken tupfen.

■ Rinderbrühe mit Butter, Salz, Pfeffer und Muskat zur Bindung einköcheln und die Blätter darin schwenken. Zum Schluss mit Schnittlauch vollenden.

Faschierte Laibchen von der Poularde mit Knoblauchpüree

800 g Poulardenbrust, faschiert
3 Schalotten, gehackt
2 Knoblauchzehen, gehackt
5 Scheiben Toastbrot
1/8 l Milch
2 Eier
2 Zweige Thymian
Rosmarin, gerebelt und fein geschnitten
Brösel
2 EL Petersilie, fein geschnitten
Salz, Pfeffer
3 EL Butterschmalz

Für das Püree:
1 kg mehlige Kartoffeln
80 g Butter
1/8 l Olivenöl
5 Knoblauchzehen
ca. 1/2 l Milch
Salz, Cayennepfeffer, Muskat

■ Die fein geschnittenen Schalotten und Knoblauchzehen in Butter glasig anschwitzen, das Toastbrot entrinden und in Milch einweichen, danach gut ausdrücken und beides zur faschierten Poularde geben.

■ Zur Masse Thymian, Petersilie und Rosmarin geben, mit Salz und Pfeffer würzen, Laibchen formen und in Bröseln wenden. Danach langsam in Butterschmalz braten.

■ Für das Püree das Olivenöl erhitzen, die Knoblauchzehen darin weich schmoren, herausnehmen und mit dem Messerrücken mit etwas Salz zu einer Paste zerdrücken.

■ Die Kartoffeln schälen und in Salzwasser gar kochen. Kartoffeln herausnehmen und beiseite stellen. Die Milch mit der Knoblauchpaste und Butter erhitzen, mit Salz, Cayennepfeffer und Muskat würzen. Die Kartoffel durch eine Presse drücken, in einen Topf geben und so lange Milch beigeben, bis ein lockeres Püree entsteht.

Gebratene Entenbrust mit Powidl-Zweigeltsoße, gebackenen Erdäpfelecken und Kohlsprossen

Zutaten für 4 Personen:

3 Entenbrüste
2 Zweige Thymian und Rosmarin
Salz, Pfeffer
1/2 l Kalbsjus
2 EL Powidl
1 EL Staubzucker
Schale von 1 Orange
1/8 l Zweigelt
1 EL Koriander, fein geschnitten
20 g kalte Butter

Für die Erdäpfelecken:
600 g mehlige Kartoffeln
250 g Mehl
1 Ei
1 Eidotter
Muskatnuss, gerieben
Salz
Butterschmalz zum Herausbacken
200 g Kohlsprossen
50 g Butter

■ Entenbrüste salzen und pfeffern, Haut einschneiden und auf beiden Seiten stark anbraten, mit Thymian und Rosmarinzweigen belegen, im Rohr bei 180° C ca. 7 Minuten fertig braten und herausnehmen. Danach die Entenbrust 3 Minuten in der Pfanne rasten lassen.

■ Für die Soße den Staubzucker karamellisieren lassen, mit Rotwein ablöschen und so lange reduzieren, bis eine dickliche Konsistenz erreicht ist. Mit Kalbjus auffüllen, Orangenschale und Powidl beigeben und ca. 5 Minuten einkochen lassen. Etwas mit Salz und Pfeffer nachschmecken und mit der kalten Butter und dem Koriander vollenden.

■ Für die Erdäpfelecken die Kartoffeln schälen, kochen und passieren, mit Mehl, Ei, Eidotter, Salz, Pfeffer und Muskat zu einem Teig verarbeiten. Den Teig auf ein Rechteck mit einer Stärke von 0,5 cm ausrollen, in Rauten schneiden und im tiefen Butterschmalz goldbraun ausbacken.

■ Die Kohlsprossen in Salzwasser kochen und eiskalt abschrecken. Die Butter nussbraun werden lassen und die Sprossen darin schwenken. Mit Salz und Muskat würzen.

Gebratene Maishuhnkeulen auf Schilcherrisotto mit glasierten Trauben

Zutaten für 4 Personen:

4 Maishuhnkeulen
Saft von 1 Limette
Salz, Pfeffer
1 Zweig Majoran und Thymian
1 EL Olivenöl
20 g Butter
3 Knoblauchzehen, in kleine Würfel geschnitten

140 g Risottoreis
30 g Butter zum Anschwitzen
80 g Butter zum Binden
2 Schalotten, fein geschnitten
1 Lorbeerblatt
1/2 l Schilcher
1/2 l Hühnersuppe
2 EL Parmesan, gerieben
1 EL Petersilie, fein geschnitten

200 g Muskattrauben
2 EL Staubzucker
2 EL Wasser
1/8 l Schilcher
60 g Butter

■ Die Keulen zuputzen, überschüssige Haut wegschneiden, mit Salz, Pfeffer und Limettensaft würzen und in Olivenöl-Buttermischung anbraten. Mit den Knoblauchzehen und Gewürzzweigen in einen Bräter geben und im Rohr bei 170° C ca. 1 1/2 Stunden garen.

■ Für das Risotto die Butter zergehen lassen, den Reis dazugeben, würzen und das Lorbeerblatt beigeben. Leicht anschwitzen und etappenweise mit Schilcher aufgießen. Danach mit der Hühnersuppe den Vorgang wiederholen, bis das Risotto al dente ist. Zum Schluss die kalte Butter und den Parmesan einrühren und mit geschnittener Petersilie vollenden.

■ Für die Trauben den Staubzucker mit dem Wasser einkochen lassen, bis ein heller Karamell entsteht. Mit Schilcher ablöschen und zu einer sämigen Konsistenz köcheln lassen, Butter beigeben und die Trauben kurz darin schwenken.

Benediktiner Bratwürste

Zutaten für 4 Personen:

160 g Schweinebauch
160 g Kalbsschulter
125 ml Milch
5 g Pökelsalz
1 EL Majoran, frisch gehackt
1 TL Muskat
etwas Schale von einer Naturzitrone
2 EL Petersilie, gehackt
grober Pfeffer und Salz
1 Messerspitze Paprikapulver
Küchenspagat
Schweinedarm

Die Zutaten müssen alle sehr kalt sein!

■ Das Fleisch durch die feine Scheibe des Fleischwolfes drehen und in eine Schüssel geben.

■ Milch, Pökelsalz, Majoran, Paprika, Muskat, Zitronenschale, Petersilie und Pfeffer beigeben und alles 5 Minuten gut durchkneten.

■ Das Brät in einen Spritzbeutel füllen, vorne an der Tülle den sauber gewaschenen Darm darüber stülpen und das Brät in den Darm füllen. Den Darm mit Hilfe eines Küchengarns in Abständen von 10 cm abbinden.

■ Die Würste in heißem Salzwasser 5 Minuten ziehen lassen, herausnehmen und in Butter braten.

Als Beilage eignen sich am besten Röstkartoffeln, Sauerkraut und Senf.

Initiale aus dem Prolog der Regula Benedicti, Elsass, 12. Jahrhundert, Stiftsbibliothek St. Paul

incipit prolog...
...ti benedicti

usculta o fili...
gistri. & incl...
dis tui. et...
pii patri...
et efficac...

ut ad eum p obedientie la...
a quo p inobedientie desi...
d v te ergo nunc m's sermo d...
abrenuntians ppriis uolu...
uero rem militaturus obe...

Weihnachtlicher Puter St. Benedikt mit Kastanienrisotto

1 ganze Putenbrust
200 g Äpfelwürfel
200 g Birnenwürfel
100 g Butter
150 g geriebene Brioche
3 Eigelbe
130 ml Schlagobers
300 g Walnusskerne, gestoßen
3 Eier
Olivenöl
Mehl zum Wälzen

150 g Risottoreis
40 g Butter zum Anschwitzen
80 g Butter zum Binden
3 Schalotten, fein geschnitten
150 Kastanien, gekocht und in feine Würfel geschnitten
1 l Hühnersuppe
3 EL Parmesan
1 Schuss Weißwein
Salz, Pfeffer

■ Putenbrust in dünne Scheiben schneiden und diese für die Füllung taschenförmig einschneiden.

■ Äpfel und Birnen schälen, in feine Würfel schneiden, in Butter kurz angehen lassen, mit dem geriebenen Briochebrot bestreuen, mit den Eigelben und dem Schlagobers binden und kaltstellen.

■ Die Füllung in die Putentaschen füllen, in Mehl wenden, in geschlagenem Ei wenden und in den Walnüssen wälzen. In Olivenöl schwimmend goldbraun ausbacken.

■ Für das Risotto die Butter zergehen lassen, Schalotten und Reis dazugeben, kurz anschwitzen, würzen und mit Weißwein ablöschen. Etappenweise mit Hühnersuppe aufgießen und den Vorgang so lange wiederholen, bis das Risotto kernig ist.

■ Zum Schluss die Kastanien, die kalte Butter und den Parmesan einrühren, nachschmecken und servieren.

Kutteln nach Benediktiner Art

Zutaten für 6 Personen:

2 Gemüsezwiebeln
2 Karotten
1 kleines Stück Sellerie
2 Lorbeerblätter
Pfefferkörner, Korianderkörner
1 Zweig Petersilie, Thymian und Rosmarin

400 g Kutteln, geputzt
2 Zwiebeln
200 g Melanzani
1/2 l Tomatensauce
4 Eier
60 g Bauchspeck
3 Knoblauchzehen, gehackt
1/8 l Olivenöl
etwas Petersilie und Basilikum, geschnitten
Salz, Pfeffer
100 g Pecorino, gerieben

■ Wasser mit Salz, Zwiebeln, Sellerie, Karotten (alles gewürfelt) sowie mit den Kräutern und Gewürzen aufkochen. Die Kutteln darin ca. 1 1/2 Stunden kochen, dann herausnehmen und abkühlen lassen.

■ Die Kutteln in sehr dünne Streifen schneiden.

■ Die in Würfel geschnittenen Zwiebeln, den Knoblauch, den Bauchspeck und die Melanzani in Olivenöl anbraten. Mit Salz und Pfeffer würzen und mit Tomatensauce aufgießen, Kuttelstreifen beigeben und das Ganze ca. 35 Minuten sanft schmoren lassen.

■ Zum Schluss das Basilikum und die Petersilie beigeben und mit Pecorino bestreuen. Zusammen mit etwas Ciabattabrot servieren.

Geschmortes Kaninchen mit weißer Polenta

Zutaten für 4 Personen:

1 Kaninchen, in 8 Stücke geteilt
4 Schalotten, geviertelt
4 Karotten, in Scheiben geschnitten
4 gelbe Rüben, in Scheiben geschnitten
Würfel von 4 geschälten Tomaten
1/2 l Riesling
20 g Butter
1/8 l Olivenöl
3 Zweige Zitronenthymian
1 EL Tomatenmark
etwas Schale von einer Naturzitrone
Salz, Pfeffer
50 g kalte Butter

Für die Polenta:
1 l Hühnerfond
200 g weiße Polenta
1/16 l braune Butter
20 g Butter
1 EL Petersilie, fein geschnitten
2 EL Parmesan, gerieben

■ Das Kaninchen in 8 Stücke teilen, mit Salz und Pfeffer würzen und in einem Bräter in Olivenöl zusammen mit dem Zitronenthymian und den Schalotten sowie den Karotten und den gelben Rüben stark anbraten.

■ Das Tomatenmark beigeben, mitrösten und mit Weißwein ablöschen. Die Zitronenschale und die Tomatenwürfel beigeben.

■ Nun das Kaninchen ca. 70 Minuten bei 160° C langsam im Rohr schmoren lassen.

■ Danach das Kaninchen herausnehmen, die Soße passieren und mit kalter Butter montieren.

■ Die Polenta in der Butter kurz angehen lassen, mit dem Hühnerfond aufgießen und 10 Min. unter ständigem Rühren langsam köcheln lassen.

■ Mit Salz und Pfeffer abschmecken und vor dem Servieren die braune Butter, die Petersilie und den Parmesan einrühren.

Gekochtes Schulterscherzel mit Grantensoße (Preiselbeersoße) und Röstkartoffel

Zutaten für 4–6 Personen:

900 g Schulterscherzel
2 l Wasser
1 kleiner Sellerie
3 Karotten
1 Peterwurze
1/2 Stange Lauch
2 gebräunte Zwiebeln
2 Lorbeerblätter
8 Pfefferkörner
Salz
1 Zweig Liebstöckel und Petersilie

Für die Grantensoße:
50 g Mehl
50 g Butter
1/8 l Schlagobers
1/4 l Suppe vom gekochten Fleisch
1 TL Zitronensaft
1 EL Zucker
Salz, Pfeffer, Muskat
3 Gewürznelken
600 g Granten (Preiselbeeren)

500 g Kartoffeln, gekocht und in Scheiben geschnitten
2 kleine Gemüsezwiebeln
Kümmel, Salz, Pfeffer, Majoran, Muskat
2 EL Petersilie, geschnitten
2 EL Butterschmalz

■ Für das gekochte Schulterscherzel Wasser mit dem Fleisch zustellen, gebräunte Zwiebel beigeben, salzen und ca. 1 1/2 Stunden leicht köcheln lassen. Geputztes Gemüse und restliche Gewürze beigeben und nochmals ca. 30 Minuten leise köcheln lassen.

■ Suppe durch ein Sieb mit einem Passiertuch seihen und nachschmecken.

■ Butter zergehen lassen, Mehl darin anschwitzen, mit Schlagobers und Rinderbrühe ablöschen und unter ständigem Rühren einmal aufkochen lassen.

■ Den Zitronensaft, Zucker, Gewürze, Nelken und Granten dazugeben und auf kleiner Flamme kurz durchköcheln.

■ Die Kartoffelscheiben in die heiße Pfanne mit dem Butterschmalz geben und nicht rütteln oder rühren, bis die Scheiben eine schöne goldbraune Farbe haben. Die Zwiebeln fein schneiden und dazugeben, ebenso die Gewürze, und gut durchschwenken. Die Röstkartoffel mit geschnittener Petersilie vollenden.

Spinatnudel mit Schmorsoße vom Wildschwein

Zutaten für 4 Personen:

1 TL Tomatenmark
3 Schalotten
500 g Wildschweinschulter
2 Karotten
1/2 Sellerie
2 Peterwurzen
2 gelbe Rüben
1/2 l Rotwein
1/8 l Rinderbrühe
Salz, 5 Pfefferkörner, 5 Wacholderbeeren, 1 TL Korianderkörner, 2 Lorbeerblätter, 2 Neugewürzkörner, 1 Thymianzweig und Rosmarinzweig
2 EL Butterschmalz
1 EL Maizena zum Binden
2 EL Petersilie, geschnitten
1 EL Preiselbeeren

800 g Spinatnudeln (Sie können auch andere Nudeln verwenden!)
Salz
2 EL Butter

■ Für die Schmorsoße die Wildschweinschulter und das Gemüse in 0,5 cm große Würfel schneiden. Die Gewürze in einen Kaffeefilter geben und mit Spagat zusammenbinden.

■ Das Fleisch und das Gemüse in heißem Butterfett anbraten, salzen, das Tomatenmark und die Kräuterzweige beigeben, nochmals gut durchrösten und mit dem Rotwein etappenweise aufgießen. Dazwischen den Rotwein immer wegkochen lassen.

■ Danach mit Rinderbrühe aufgießen und im Rohr bei 180° C so lange schmoren, bis das Fleisch weich ist.

■ Sauce aus dem Ofen nehmen, Kräuterzweige und Gewürze herausnehmen, Maizena mit kaltem Wasser anrühren und die Sauce damit binden.

■ Zum Schluss die fein geschnittene Petersilie und die Preiselbeeren beigeben.

■ Die Nudeln in reichlich Salzwasser kochen, bis sie al dente sind, danach in Butter schwenken und zusammen mit der Schmorsoße anrichten.

Lammkoteletts mit feinem Käse überbacken und Saubohnensalat

Zutaten für 4 Personen:

12 Lammkoteletts mit freigeschabten Knochen
2 Thymianzweige
1/8 l Olivenöl
Salz, Pfeffer
4 Knoblauchzehen
3 Schalotten

160 g milder Schaffrischkäse
2 Eidotter
50 g Butter
4 Toastbrotscheiben in kleine Würfel geschnitten
1 TL Rosmarin, fein gehackt
1 Spritzer Zitronensaft
Pfeffer

700 g Saubohnen
6 EL Haselnussöl
1 EL Dijonsenf
2 EL Rotweinessig
2 EL Suppe
2 EL Balsamicoessig
2 Schalotten fein geschnitten
2 EL Basilikum, geschnitten
Salz, Pfeffer

■ Für die Käsekruste den Schafskäse durch eine Kartoffelpresse drücken, die Butter schaumig schlagen, pfeffern, Zitronensaft und Rosmarin beigeben. Die ganze Masse gut durchrühren und zum Schluss das Toastbrot untermengen. Aus der Masse eine Rolle von 5 cm Durchmesser formen, in Backpapier einrollen und kalt stellen.

■ Die Saubohnen am Vortag einweichen. In reichlich Wasser weich kochen und die Haut von den Bohnen entfernen. Für die Marinade die diversen Essige, die Schalotten, die Suppe, den Senf sowie den Basilikum gut durchrühren und mit Salz und Pfeffer würzen. Zum Schluss unter ständigem Rühren das Haselnussöl beimengen, die Bohnen dazu geben und gut durchziehen lassen.

■ Die Lammkoteletts zusammen mit den geviertelten Schalotten, dem Knoblauch und dem Thymian in einer Pfanne mit Olivenöl stark anbraten und wieder herausnehmen. Die Schafskäserolle aus dem Kühlschrank nehmen, in 0,5 cm starke Scheiben schneiden und auf die Lammkoteletts legen.

■ Die Koteletts im Rohr bei 250° C ca. 5 Minuten lang überbacken, bis die Kruste goldgelb ist. Zusammen mit dem Saubohnensalat anrichten.

Hirschkalbsteak mit Cassissauce und Kartoffelgebäck

Zutaten für 4 Portionen:

1 kg Rose vom Hirschkalb
100 ml Cassispüree
60 ml Schlagobers
30 g Butter
100 ml Rotwein
Pfeffer und Koriander aus der Mühle, Salz
20 g kalte Butterstücke
1/8 l Wildfond oder Rinderbrühe

Für das Kartoffelgebäck:
500 g mehlige Kartoffeln gekocht
2 Eidotter
1 Ei
30 g Butter
Salz, Muskat, Pfeffer

■ Die Rückenrose in vier Teile schneiden, in der Frischhaltefolie klopfen, mit Salz, Pfeffer und Koriander würzen und mit Mehl stäuben.

■ Die Hirschkalbsteaks stark anbraten und wenden, die Hitze reduzieren und ca. 4 Minuten weiter braten. Die Steaks aus der Pfanne nehmen, in Alufolie packen und im Rohr bei 90° C warm halten.

■ Das überschüssige Fett aus der Pfanne gießen, mit Rotwein, Schlagobers und Wildfond ablöschen und einkochen lassen. Zum Schluss das Cassispüree einrühren und die kalten Butterstücke beimengen. Die Sauce nachschmecken und mit 1 EL Petersilie vollenden.

■ Für das Kartoffelgebäck die geschälten, geviertelten Kartoffeln in Salzwasser gar kochen, abseihen und ausdämpfen lassen. Die Kartoffeln durch eine Presse drücken und die flüssige Butter, Eidotter und Ei untermengen und mit Salz, Pfeffer und Muskat würzen.

■ Die Masse kann mit einer beliebigen Tülle in verschiedenen Mustern und Formen aufgespritzt werden. Im vorgeheizten Rohr bei 180° C so lange backen, bis das Gebäck goldbraun ist.

Geschichtetes Rinderfilet mit Majoranjus

Zutaten für 4 Personen:

4 Rindersteaks à 200 g
Olivenöl und Butter zum Braten
4 Scheiben Glundner Käse
160 g Blattspinat, blanchiert
Würfel von 4 Tomaten, geschält, entkernt und geviertelt
1 Zwiebel, fein geschnitten
4 Kartoffeln, gekocht, geschält und in Scheiben geschnitten
1/4 l brauner Rinderfond
Salz, schwarzer Pfeffer, Muskat
30 g kalte Butter zum Binden der Sauce

■ Zunächst die Steaks salzen und pfeffern. In einer Pfanne rundherum schön braun anbraten und wieder herausnehmen.

■ Die Kartoffeln in Scheiben schneiden und goldbraun in der gleichen Pfanne anbraten. Mit Salz, Pfeffer und Muskat würzen und beiseite stellen.

■ Den Spinat in brauner Butter kurz anziehen lassen, würzen, die Tomatenwürfel beigeben, durchmengen und beiseite stellen.

■ Das Rinderfilet schuppenartig mit den Kartoffelscheiben belegen, den Spinat gleichmäßig darauf verteilen und zum Schluss die Glundnerscheiben darauflegen.

■ Nun werden die Rinderfilets auf ein Backblech gegeben und im Rohr zirka 25 Minuten bei 180° C überbacken.

■ Die Rindersauce einmal aufkochen, Pfeffer und Majoran beigeben und 5 Minuten leicht köcheln lassen. Zum Schluss die eiskalte Butter einrühren.

Beilage zum Rinderfilet: Rezept für Rinderfond

Zutaten für 1 l Fond:

2 kg Rinderknochen
300 g Gemüse, grob gewürfelt (Karotte, Peterwurzel, Sellerie)
3 Zwiebeln
2 El Staubzucker
1/8 l Öl zum Anbraten
2 EL Tomatenmark
1/4 l Rotwein
6 Pfefferkörner, 2 Lorbeerblätter, 1 Muskatblüte
Kräuterzweige, je nach Art des Fonds

■ Das Backrohr auf 230° C vorheizen, das Fett gleichmäßig auf dem Blech verstreichen, die Knochen darauf legen und ins Rohr geben. Die Knochen so lange rösten, bis sie eine dunkelbraune Farbe haben (dabei immer wieder wenden).

■ Danach das Gemüse beigeben und mitrösten, bis es ebenfalls Farbe hat. Anschließend die Knochen-Gemüsemischung herausnehmen, das überschüssige Fett vom Blech abgießen und in einen breiten Topf geben.

■ Das Blech mit etwas Wasser aufkochen und somit den Bratenrückstand lösen und ebenfalls in den Topf gießen. Danach den Staubzucker und das Tomatenmark beigeben und durchrösten, mit Rotwein ablöschen und etappenweise einkochen lassen.

■ Zum Schluss mit 3 1/2 l Eiswasser aufgießen, Gewürze und Kräuter beigeben und ca. 4 Stunden leise köcheln lassen. Dazwischen immer wieder das Fett abschöpfen.

■ Nach der Kochzeit den Fond durch ein Haarsieb abseihen und noch etwa 1 Stunde einkochen lassen.

■ Mit diesem Rezept können Sie alle Arten von Fonds herstellen, wie etwa Kalbsfond, Wildfond, Geflügelfond oder Lammfond. Das Einzige, was Sie in ihrer Zutatenliste verändern müssen, sind die Knochen, die Kräuter und die Gewürze.

■ Diese Fonds können Sie hervorragend einfrieren, so dass Sie immer eine gute Basis für alle Soßen haben. Der Aufwand ist zwar groß, aber Sie werden sehen, er lohnt sich!

Lavanttaler Lebalan mit Mostsauerkraut

Für den Germteig:
400 g Mehl, glatt
40 g Germ
Salz
1/8 l Milch
2 Eidotter

Für die Fülle:
400 g Kalbsbeuschel
100 g Schweinefleisch
100 g Rindfleisch
1 EL Essig
200 g Suppengemüse (Karotte, Sellerie, Lauch)

100 g Kalbsleber, faschiert
100 g Zwiebeln
3 Knoblauchzehen
1 EL Majoran
1 Ei
Schweinsnetz

Für das Mostkraut:
1 kg Sauerkraut
1/2 l Most
2 EL Zucker
Wacholder, Kümmel, Lorbeerblatt, Salz, Pfeffer
1 Stück Bauchspeck
2 EL Apfelessig

■ Das Kalbsbeuschel mit dem Schweinefleisch, dem Rindfleisch, dem Suppengemüse und den Gewürzen inkl. Essig weich kochen und auskühlen lassen, danach mit dem Fleischwolf faschieren.

■ Die Zwiebel und den Knoblauch fein schneiden, glasig anschwitzen und zur Leber geben. Faschiertes Fleisch und Ei beigeben und mit Salz, Pfeffer und Majoran würzen.

■ In der Zwischenzeit den Germteig zubereiten und gut aufgehen lassen.

■ Den Germteig auf einer bemehlten Arbeitsfläche ca. 1 cm stark ausrollen, mit einem 7 cm Durchmesser starken Ausstecher ausstechen, aus der Fleischmasse Bällchen formen mit ca. 4 cm Durchmesser, auf den Germteig legen und zusammenformen (so wie Buchteln gemacht werden). Die Lebalan daraufhin in Schweinenetz einpacken, in eine Auflaufform setzen und mit Butter bestreichen. Danach mit einem Geschirrtuch abdecken und an einem warmen Ort nochmals gehen lassen. Bei 150° C im vorgeheizten Rohr goldbraun backen.

■ Für das Mostkraut den Zucker karamellisieren, Sauerkraut dazugeben und mit Essig und Most ablöschen. Gewürze und Bauchspeck beigeben und bei kleiner Hitze weich dünsten.

Gebratenes Hechtfilet mit Lauch und Curryhollandaise

Zutaten für 4 Personen:

8 Hechtfilets à 100 g
Salz, Pfeffer
Saft von 1 Limette
Koriander, gemahlen
2 EL Olivenöl

400 g Lauch
50 g Butter
80 ml Noilly Prat
etwas Rind- oder Hühnersuppe
4 Eidotter
60 ml Weißwein
1 EL Currypaste Madras
125 g Butter
Salz, Cayennepfeffer

■ Für die Hechtfilets die Filets auf der Hautseite kreuzweise einschneiden, mit Salz, Pfeffer, gemahlenem Koriander und Limettensaft würzen und langsam in einer beschichteten Pfanne braten.

■ Den Lauch waschen und in feine Streifen schneiden, Butter in einer Pfanne zerlassen, Lauch hinzugeben, mit Salz und Pfeffer würzen, mit Noilly Prat ablöschen und langsam gar dünsten. Sollte beim Garen zu wenig Flüssigkeit vorhanden sein, kann man noch etwas Hühner- oder Rinderbrühe hinzugeben. Zum Schluss noch ein kleines Stück kalte Butter einrühren.

■ Für die Hollandaise benötigt man ein Wasserbad mit einem Rührkessel. In diesen Eidotter, Weißwein, Currypaste geben und schön schaumig schlagen. Wenn die Eidotter schaumig sind, werden sie langsam in die zimmerwarme Butter eingerührt. Mit Salz und Cayennepfeffer würzen und sofort servieren.

Spargelspitzen mit knusprigem Saibling und Tomatendressing

Zutaten für 4 Personen:

24 Spargelspitzen, gekocht
4 Saiblingsfilets ohne Haut
Saft von 1 Limette
Koriander, gemahlen
Salz, Cayennepfeffer
Strudelteig
etwas Butter zum Bestreichen
Butterschmalz zum Ausbacken

6 Tomaten, geschält und entkernt
1/4 l Olivenöl
2 EL Staubzucker
1 EL Balsamico weiß
1 TL Ketchup
frisches Basilikum, in Streifen geschnitten
Salz, weißer Pfeffer aus der Mühle

■ Für das Dressing die Tomaten in einen Mixbehälter geben, den Zucker und die Gewürze dazugeben, mit dem Mixstab aufmixen und unter ständigem Mixen das Olivenöl beigeben, bis ein sämiges Dressing entsteht. Zum Schluss das Basilikum beigeben.

■ Für den Saibling den Strudelteig auslegen, in vier gleich große Rechtecke schneiden, das Fischfilet mit Salz, Pfeffer, Koriander und Limettensaft würzen und auf die Rechtecke legen. Mit flüssiger Butter bestreichen, einschlagen und im Butterschmalz bei 150° C ausbacken.

■ Die Spargelspitzen mit dem Dressing beträufeln und das gebackene Saiblingsfilet darauf anrichten.

■ Für die Garnitur frischen Rucolasalat in Streifen schneiden und dekorieren.

Zander in Kürbiskernpanade mit Kartoffelkren

Zutaten für 4 Personen:

600 g Zanderfilet, enthäutet und filetiert
4 Eier
100 g Kürbiskerne, geröstet und gehackt
100 g Brösel
100 g Mehl
Saft von 1 Zitrone
Salz, Pfeffer
Butterschmalz zum Ausbacken

Für den Kartoffelkren:
500 g mehlige Kartoffeln
1/4 l Rinderbrühe
1 EL Majoran
1 TL Kümmel
2 Lorbeerblätter
50 g Butter
50 g Mehl
2 EL Apfelessig
3 EL Krenpaste
Salz, Pfeffer

■ Die Kartoffeln schälen, in große Würfel schneiden und im Salzwasser mit Majoran, Lorbeerblatt und Kümmel gar kochen.

■ Mit Butter und Mehl eine braune Einbrenn zubereiten und mit Essig und Rinderbrühe ablöschen. Leicht einköcheln lassen, danach die gekochten Kartoffeln beigeben und cremig rühren. Zum Schluss den Kren beigeben und mit Salz, Pfeffer und Muskat abschmecken.

■ Die Zanderfilets salzen, pfeffern und mit Zitronensaft beträufeln, in Mehl wenden, durch das geschlagene Ei ziehen und zum Schluss in der Brösel-Kürbiskernmischung wenden.

■ Nun die Filets in Butterschmalz goldbraun ausbacken.

Forellenfilet im Gewürzbrot mit eingemachtem Kürbis

Zutaten für 4 Personen:

4 Forellenfilets
Salz, Pfeffer

Für das Gewürzbrot:
150 g Butter
600 g Weizenmehl
50 g Kleie
40 g Hirse
50 g Leinsamen
100 ml Wasser
5 g Salz
1 TL Koriander, gemahlen

Für den Kürbis:
2 Schalotten
1 Knoblauchzehe
50 g Butter
300 g Kürbis, in Streifen geschnitten
1 EL Tomatenmark
1/4 l Hühnersuppe
Würfel von 3 Tomaten, geschält und entkernt
1 EL Paprika
2 EL Crème fraîche
1 EL Petersilie, fein geschnitten

■ Für den Brotteig die Butter schmelzen und mit den restlichen Zutaten vermengen. Den Teig auf einer bemehlten Arbeitsfläche 5 mm stark ausrollen, Rechtecke in der Länge des Forellenfilets schneiden, Filets draufsetzen, mit Ei bestreichen und einschlagen. Im vorgeheizten Rohr bei 200° C ca. 12–15 Minuten backen.

■ Für den eingemachten Kürbis die Butter schmelzen, Kürbisstreifen darin anbraten, Schalotten und Knoblauch beigeben und mitbraten. Danach Tomatenmark und Paprika beigeben, mit Hühnersuppe aufgießen und reduzieren. Mit Salz, Pfeffer und Muskat würzen. Zum Schluss (der Kürbis darf nicht mehr kochen) die Crème fraîche und die Petersilie einrühren.

Eier „Benedikt" auf meine Art

Zutaten für 4 Personen:

4 Eier
4 Scheiben Sandwichwecken
200 g junger Spinat
40 g Butter
12 Scheiben Räucherlachs
Salz, Pfeffer, Muskat

2 Schalotten, fein geschnitten und überkocht
2 EL Estragon, fein gehackt
2 EL Weißwein
2 EL Estragonessig
4 Eigelbe
120 g Butter, „Zimmertemperatur"
Würfel von 2 geschälten Tomaten

■ Die Sandwichscheiben in Butter knusprig braten. Den Spinat in Butter anschwenken, mit Salz, Pfeffer und Muskat würzen und beiseite stellen.

■ Die Eier in Salzwasser 4 Minuten und 40 Sekunden lang kochen und mit einem Kaffeelöffel vorsichtig schälen.

■ Für die Hollandaise die Eigelbe mit dem Estragonessig und dem Weißwein verrühren, über siedendem Wasserdampf schaumig schlagen und mit Salz und Cayennepfeffer würzen. Zum Schluss die Butter einschlagen und die Tomatenwürfel und den gehackten Estragon beigeben.

■ Zum Anrichten den Spinat auf die getoasteten Sandwichscheiben aufsetzen, so dass in der Mitte ein kleines Loch bleibt. In das Loch das wachsweiche Ei setzen, mit Hollandaise überziehen und mit Räucherlachsscheiben umlegen.

Heringverhackerts mit Schnittlauch und Radieschen auf getoastetem Schwarzbrot

Zutaten für 4 Personen:

4 Salzheringsfilets
1 säuerlicher Apfel
150 g Bauchspeck
2 kleine Zwiebeln
100 g Butter
1 TL Senf
etwas Schnittlauch
4 Radieschen
4 Scheiben Schwarzbrot
grober Pfeffer, Salz
Saft von einer halben Limette

■ Die Salzheringsfilets über Nacht in Wasser einweichen.

■ Mit Bauchspeck, geschältem Apfel und Zwiebel durch den Fleischwolf drehen.

■ Die Butter schaumig schlagen, mit Salz, Pfeffer, Senf und Limettensaft würzen, den Schnittlauch und die Heringsmasse mit der Butter vermengen.

■ Die Schwarzbrotscheiben hellbraun toasten, mit der Masse bestreichen und mit den Radieschen garnieren.

Gebratenes Welsfilet mit Morcheln und Kartoffeln

Zutaten für 4 Personen:

4 Welsfilets à 180 g
50 g Butter
1 EL Olivenöl
Schale von einer Naturzitrone
Koriander aus der Mühle
Pfeffer, Meersalz
etwas Mehl zum Bestäuben

Für die Morcheln:
70 g Butter
3 Schalotten, in Streifen geschnitten
500 g Morcheln, geputzt und gewaschen
1/2 l Schlagobers
1 EL Petersilie, geschnitten
1 EL Kerbel, fein gehackt
Salz, weißer Pfeffer

400 g festkochende Kartoffeln

■ Die Butter schmelzen, die Schalotten und die Morcheln darin anschwitzen.

■ Mit dem Schlagobers aufgießen, mit Salz und Pfeffer würzen und das Ragout einkochen, bis es sämig ist.

■ In der Zwischenzeit die Kartoffeln schälen und in 1 cm große Würfel schneiden, dann in Salzwasser gar kochen. Die fertig gegarten Kartoffeln nicht kalt abschrecken, sondern gleich in das Morchelragout geben. Zum Schluss die fein geschnittene Petersilie und den Kerbel beigeben.

■ Für die Welsfilets ein Stanleymesser nehmen und die Haut damit kreuzweise einschneiden.

■ Den Fisch mit Meersalz, gemahlenem Koriander und Pfeffer würzen und die Hautseite mit Mehl bestäuben.

■ In einer beschichteten Pfanne die Butter und das Olivenöl aufschäumen, die Zitronenschale beigeben und das Welsfilet mit der Hautseite nach unten einlegen.

■ Das Filet auf der Hautseite bei milder Temperatur vollständig durchbraten, bis auf der Seite ein glasiger Film zu sehen ist; erst dann das Filet wenden.

■ Das Filet kurz in der Pfanne rasten lassen und zusammen mit dem Morchel-Kartoffelragout anrichten.

Zweierlei Käsnudel mit brauner Petersilienbutter

Für den Teig:
1 kg Mehl
2 EL Rapsöl
Salz
1 Ei
ca. 1/4 l lauwarmes Wasser

Für die Fülle:
4 große, mehlige Kartoffeln
1/2 kg Topfen pasteurisiert und ausgedrückt
100 g Butter
1/2 l Butterschmalz
2 kleine Zwiebeln
1 Knoblauchzehe
1 EL Crème fraîche
2 EL Petersilie, fein geschnitten
2 EL Minze, fein geschnitten
1 EL Schnittlauch, geschnitten

■ Das Mehl mit dem Ei und Öl vermischen, salzen und langsam lauwarmes Wasser dazugeben und zu einem Teig verkneten, bis dieser „schön glatt" ist. Einen Teller mit Öl anpinseln, den Teig darauflegen, ebenfalls bestreichen, mit Klarsichtfolie abdecken und mindestens 5 Stunden kühl stellen.

■ Die Kartoffeln in Salzwasser gar kochen, schälen und durch eine Presse drücken. Die Zwiebel und den Knoblauch fein schneiden, in Butter glasig schwitzen und zu den Kartoffeln geben. Ebenso Topfen, Petersilie, Minze und Sauerrahm beigeben und zu einer glatten Masse mischen. Mit Salz, Pfeffer und Muskat abschmecken.

■ Den Teig 4 mm dick ausrollen und mit einem Ausstecher (5 cm Durchmesser) ausstechen. Aus der Masse kleine Kügelchen formen und auf die Teigkreise setzen, zusammenschlagen und die Ränder mit den Fingern verschließen, danach „grandeln" (als Grandeln bezeichnet man in Kärnten die Kunst, den Nudelrand mit den Daumen über die Zeigefinger zu rollen. Wenn man diese Kunstfertigkeit nicht beherrscht, genügt das normale Verschließen).

■ Die Nudeln in Salzwasser schwach wallend gar ziehen lassen. In der Zwischenzeit einen halben Liter Butterschmalz auf 160° C erhitzen, die Hälfte der Nudeln auf einem Geschirrtuch abtropfen lassen und in Butterschmalz goldbraun herausbacken.

■ Die Butter braun werden lassen, salzen, Petersilie beigeben und über die Nudel geben.

Brennnesselgnocchi mit brauner Butter und Pecorinokäse

Zutaten für 4 Personen:

Für die Gnocchi:
1 kg mehlige Kartoffeln, gekocht und durch eine Presse gedrückt
200 g Kartoffelstärke
5 Eidotter
100 g braune Butter
200 g Brennnessel, gekocht, ausgedrückt und gemixt (es eignet sich auch Spinat)
Salz, Muskat, Pfeffer
150 g Butter
200 g Pecorinokäse

■ Für die Gnocchi die gekochten und durchgepressten Kartoffeln mit den Brennnesseln und der Stärke sowie den Eidottern und der braunen Butter vermengen, mit Salz und Muskat würzen und etwas rasten lassen (ca. 15 Minuten). Danach den Teig in 2 cm starke Rollen formen und ca. 3 cm lange Streifen abschneiden. Diese in Bällchen formen und mit einer Gabel zu Gnocchi formen. Die Gnocchi in Salzwasser einkochen und ca. 5 Minuten ziehen lassen.

■ In der Zwischenzeit den Pecorinokäse reiben und die Butter braun werden lassen.

■ Die Gnocchi herausnehmen, in brauner Butter schwenken, anrichten und mit Pecorinokäse bestreuen. Danach mit schwarzem Pfeffer abschmecken.

■ Zur Geschmacksvollendung eignet sich zu diesem Gericht bestens grüner Salat mit gekochten Kartoffeln.

Nachspeisen

Topfennudeln mit Mandelbrösel und Apfelkompott

Zutaten für 4 Personen:

40 g Butter
250 g Topfen
Schale von einer halben Zitrone
1 EL Vanillezucker
1 EL Sauerrahm
1 Ei
1 Eidotter
140 g Goldgrieß
80 g Mehl, glatt

Für die Brösel:
120 g Mandeln, geröstet und fein gemahlen
80 g Butter
2 TL Staubzucker

Apfelkompott:
4 Äpfel
Saft von 1 Zitrone
150 g Zucker
100 ml Weißwein
100 ml Apfelsaft
Vanilleschote, Zimtstange, Sternanis

■ Butter schmelzen und mit Topfen, Zitronenschale, Vanillezucker, Sauerrahm, Dotter, Ei und einer Prise Salz verrühren.

■ Grieß und Mehl miteinander vermischen und in die Masse einrühren. Die Masse danach ca. 2 Stunden im Kühlschrank rasten lassen.

■ In der Zwischenzeit einen großen Topf mit Salzwasser aufstellen. Den Teig zu kleinen Nudeln (etwa einen kleinen Finger groß) formen und im Salzwasser (es darf nicht kochen) gar ziehen lassen.

■ Für die Brösel die Mandeln mit dem Staubzucker mischen, in Butter goldbraun rösten, die gekochten Nudeln darin wälzen und anrichten.

■ Äpfel schälen und in Würfel (1 cm groß) schneiden, Zucker karamellisieren, Äpfel dazugeben, mit Weißwein, Zitronensaft, Apfelsaft ablöschen, Gewürze beigeben (das Mark aus den Vanilleschoten herausnehmen), einmal aufkochen lassen, einen Deckel darauf geben und beiseite stellen, bis das Kompott kalt ist.

Schokoladentorte mit gegrillter Rumananas

Zutaten für 10 Stücke:

Für die Schokoladentorte:
300 g Zartbitterschokolade
300 g Butter
4 Eier
130 g Zucker

Für die Rumananas:
1/2 Ananas
50 g Butter
50 g Zucker
1/8 l Orangensaft
1/8 l Rum

■ Die Zartbitterschokolade zerkleinern und im Wasserbad schmelzen, die weiche Butter unterrühren, die Eier trennen, das Eigelb mit dem Zucker aufschlagen und danach mit der Schokolade-Buttermischung verrühren. Den Zucker mit dem Eiklar zu Schnee schlagen, 1/3 davon vorsichtig unter die Schokolademasse heben und danach den Rest langsam unterheben.

■ Eine Tortenform ausbuttern und auszuckern, die Masse einfüllen und im vorgeheizten Ofen bei 180° C 45 Minuten backen.

■ Für die Ananas die Frucht schälen, den Strunk herausschneiden und in 1 cm dicke Scheiben schneiden. Eine Grillpfanne stark erhitzen, ein Stück Butter schmelzen und die Scheiben stark anbraten. Zum Schluss mit Orangensaft und Rum ablöschen und zur Torte reichen.

Apfelschlangel mit Vanillesoße

300 g Mehl
100 g Butter
80 g Zucker
1 Ei
2 g Backpulver
4 g Vanillezucker

Fülle:
700 g Äpfel, geschält
50 g Zucker
50 g Rosinen, in Rum eingeweicht
Zimt, Saft einer Zitrone

Für die Vanillesoße:
1/4 l Schlagobers
1/8 l Milch
Mark von zwei Vanilleschoten
70 g Zucker
4 Eigelbe

■ Mehl, Zucker, Butter, Backpulver, Vanillezucker und eine Prise Salz gut abbröseln, mit einem Ei zu einem glatten Teig verarbeiten, anschließend eine Stunde im Kühlschrank rasten lassen.

■ Unterdessen die geschälten Äpfel feinblättrig schneiden, mit Zucker, Zitronensaft, Zimt und Rosinen vermischen.

■ Den Teig zu einem Rechteck auswalken, in der Mitte die Fülle darauf geben, freistehende Teigseiten rechts und links darüber schlagen und mit Ei bestreichen. Der „Apfelhudel" wird bei 180° C goldbraun gebacken.

■ Für die Vanillesoße Schlagobers, Milch, Vanilleschotenmark und Zucker aufkochen. Die Eigelbe in einen Schneekessel mit Wasserbad geben, die Flüssigkeit zugeben und über Wasserdampf schaumig schlagen.

Grieß-Vanilleauflauf mit kalter Marillensoße

Zutaten für 10 Portionen:

1/2 l Milch
25 g Butter
125 g Goldgrieß
40 g Zucker
6 Eidotter
6 Eiweiß
80 g Zucker
Mark von 2 Vanillestangen

300 g Marillen
60 ml Marillenschnaps
1/16 l Läuterzucker
Saft von einer halben Limette

■ Milch mit Vanillemark und Butter aufkochen, Grieß mit Butter einrühren, einmal aufkochen lassen und überkühlen. Danach die Dotter einrühren und ganz auskühlen lassen. In der Zwischenzeit das Eiweiß mit dem Zucker schlagen und unter die Grießmasse heben. Die Masse in ausgebutterte Dariolformen füllen und im Wasserbad bei ca. 130° C 40 Minuten pochieren. Die Aufläufe sofort stürzen und mit der Marillensauce anrichten.

■ Für die Marillensauce den Läuterzucker mit den Marillen und dem Limettensaft einmal aufkochen und zusammen mit dem Marillenschnaps im Mixer pürieren und erkalten lassen.

Detail aus dem Gemälde „Die Jünger von Emmaus"
von Kremser Schmid, 1766, Pinakothek Stift St. Paul

Kastanienknödel mit Milchschokoladensoße

Zutaten für 4 Personen:

250 g mehlige Kartoffeln
60 g Mehl, glatt
1 TL Grieß
25 g Butter
1 Eidotter

200 g Kastanienpüree
50 g Staubzucker
Mark von 1 Vanilleschote
1 TL Jamaika Rum

1/8 l Wasser
70 g brauner Zucker
110 g Milchschokolade
50 g Mandeln, fein gemahlen und geröstet

■ Die Kartoffeln kochen, schälen und durch eine Kartoffelpresse drücken. Die Kartoffelmasse mit Mehl, Dotter, Grieß, Salz und Butter zu einem glatten Teig vermengen.

■ Kastanienpüree mit Vanillezucker, Rum, Vanillemark und Staubzucker vermengen, zu kleinen Kugeln formen und kalt stellen.

■ Kartoffelteig zu einer Rolle mit 5 cm Durchmesser rollen und in ca. 3 cm starke Scheiben schneiden. Flach drücken, die Kastanienpüreekugel draufsetzen und zu einem Knödel formen.

■ Die Knödel in kochendes Wasser einlegen, einmal aufkochen lassen und danach 10 Minuten leicht ziehen lassen. Danach Knödel herausnehmen und in den Mandeln wälzen.

■ Für die Milchschokoladensoße die Schokolade mit Wasser und Zucker auf schwacher Flamme verrühren, bis sich eine cremige Soße ergibt.

Gebackener Holunder nach altem Klosterrezept

12 Holunderblüten
Saft von einer Naturzitrone
3 EL Branntwein
1 EL Staubzucker

Für den Backteig:
130 g Mehl, glatt
2 EL Staubzucker
1 Prise Salz
2 Eier
2 Eidotter
2 Eiweiße
25 g Butter, handwarm
120 ml Milch
2 EL Sauerrahm
1 Schuss Sodawasser

Staubzucker und Zimt zum Bestäuben
Rapsöl zum Ausbacken

- Der Holunder muss frisch und gerade aufgeblüht sein, nur dann kann er verwendet werden.

- Holunder gut waschen und trockenschleudern, danach für zwei Stunden in die Marinade aus Branntwein, Zucker und Zitronensaft legen.

- Für den Backteig das Mehl mit Salz und Zucker vermischen, danach die Eier, die Eidotter und die Butter unterheben. Das Ganze gut verrühren und langsam die Milch und den Rahm unterrühren. Falls der Teig zu fest ist, noch etwas Milch beigeben.

- Zum Schluss den Eischnee darunterziehen.

- Die Holunderblüten gut abtropfen lassen, durch den Teig ziehen und im tiefen, heißen Fett ausbacken, bis sie goldbraun sind. Zum Schluss gut abtropfen lassen und mit Staubzucker und Zimt bestäuben.

Osterspeisekarte 1929, Suitbert Lobisser, Stift St. Paul

Speisen-Folge:

Risotto zur Suppe
Gweichts in Aspik
Rindfleisch mit Erdäpfel, Kohl-
rüben, Karfiol, Sardellentunke,
Osterlamm
Limoni — Auflauf
Gebratene Hühner mit
Salat u. Kompot
Schlagsahne, Aneisbög.
Pistazien-Torte
Obst — Bäckerei
Kaffee.

Süßer Gründonnerstag-Spinatkuchen

Zutaten für eine 22 cm Form:

300 g Mehl
1 Messerspitze Salz
130 g Butter, gewürfelt
50 ml kaltes Wasser

1 kg junger Spinat, entstielt
und gewaschen
30 g Butter
4 Eier
350 ml Schlagobers
100 g Zucker
1 Msp. Muskat und Pigment
Schale von einer halben Naturzitrone
50 g Rosinen, in Cognac eingeweicht
3 EL Pinienkerne, geröstet
1 Eigelb mit 1 EL Wasser, verquirlt

■ Für den Teig Mehl und Salz mit der Butter einarbeiten, bis eine bröselige Masse entsteht. Danach das Wasser langsam beigeben und zu einem glatten Teig verarbeiten. In Klarsichtfolie einschlagen und eine Stunde im Kühlschrank rasten lassen.

■ Das Backblech einfetten und mit ausgerolltem Teig auslegen, den Rest des Teiges beiseite stellen.

■ Den jungen Spinat in Salzwasser blanchieren, gut abtropfen lassen und danach in ein Küchentuch kräftig ausdrücken. Den Spinat danach klein schneiden. Die Butter braun werden lassen und zum Spinat geben.

■ Die Eier mit Zucker, Gewürzen sowie Schlagobers und der Zitronenschale verrühren und die abgetropften Rosinen und die Pinienkerne dazugeben.

■ Die Spinatmasse auf dem Mürbteig verteilen und mit einem Gitter aus dem restlichen, in Streifen geschnittenen Teig bedecken. Gitter und Teigrand mit gequirltem Eigelb bestreichen.

■ Im vorgeheizten Ofen bei 170° C ca. 50 Minuten lang backen, bis der Teig hellbraun ist.

Dreikönigskuchen

Für den Sirup:

20 ml Cognac
20 ml Orangenblütenwasser
100 g Zucker
Schale von einer unbehandelten Zitrone und Orange

Für den Teig:

500 g Mehl
20 g Hefe
200 g Butter
1 Prise Salz
5 Eier

Außerdem:

1 Eigelb
1 EL Milch
1 EL Hagelzucker
1 EL Zitronat
1 EL Orangeat
1 Kranzform (Durchmesser von 23 cm)

■ Den Cognac, Orangenblütenwasser, Zucker und die Schale von den Zitrusfrüchten köcheln, bis der Zucker geschmolzen ist, und abkühlen lassen.

■ 100 g Mehl in eine Rührschüssel sieben. Die Germ mit 50 ml lauwarmem Wasser auflösen. In das Mehl eine Mulde drücken, Germ hineingießen und mit etwas Mehl verrühren. Mit Mehl bestäuben und zugedeckt an einem warmen Ort etwa 20 Minuten gehen lassen, bis die Oberfläche Risse zeigt.

■ Die in Würfel geschnittene Butter mit dem Mehl und dem Salz sowie dem Vorteig gründlich verkneten und nacheinander die Eier einarbeiten. Zum Schluss den abgekühlten Sirup einarbeiten.

■ Den Teig an einem warmen Ort gehen lassen, bis sich sein Volumen verdoppelt hat. In der Zwischenzeit die Kranzform ausbuttern und ausmehlen.

■ Den Teig nach dem Gehen noch einmal gut durchkneten und zu einer Rolle formen, in die Kranzform legen und nochmals zugedeckt gehen lassen.

■ Die Eigelbe mit der Milch verrühren, den Teig damit bestreichen und mit Hagelzucker, Zitronat und Orangeat bestreuen. Im vorgeheizten Rohr bei 190° C ca. 25 Minuten backen. Den fertigen Kuchen aus der Form auf ein Gitter stürzen und auskühlen lassen.

Tipp: Sie können ein Stückchen Schokolade in den Teig stecken. Derjenige, der das Stück mit der Schokolade bekommt, ist der König für diesen Tag.

Powidlbuchteln mit Vanillesauce

Zutaten für 20 Buchteln:

300 ml Milch
40 g Germ
480 g glattes Mehl
5 Eidotter
70 g Kristallzucker
Mark von einer halben Vanilleschote
Schale einer Naturzitrone
1 Prise Salz
75 g Butter „Zimmertemperatur"
280 g Powidl

140 g Butter, zerlassen, zum Eintauchen

Für die Vanillesoße:
1/4 l Schlagobers
1/8 l Milch
Mark von zwei Vanilleschoten
70 g Zucker
4 Eidotter

■ Die Milch erwärmen, Germ darin auflösen, mit 100 g Mehl zu einem Brei verrühren, mit Mehl bestäuben und zugedeckt gehen lassen.

■ Die Dotter, den Kristallzucker, die Zitronenschale und das Salz gut schaumig schlagen und die restliche Milch einrühren. Zusammen mit dem übrigen Mehl, der Butter und dem Vorteig mit einer Küchenmaschine zu einem glatten Teig verkneten. Den Teig abdecken und an einem warmen Ort gehen lassen, bis er sein Volumen verdoppelt hat.

■ Danach den Teig auf 2 cm Stärke ausrollen, mit einem Ausstecher (9 cm Durchmesser) ausstechen, mit Powidl füllen, Enden zusammendrücken, in Butter tauchen und mit dem Verschluss nach unten in eine Form setzen.

■ Die Buchteln erneut abdecken und gehen lassen (ca. 30 Minuten).

■ Daraufhin die Buchteln im vorgeheizten Rohr bei 170° C 20 Minuten backen.

■ Für die Vanillesoße Schlagobers, Milch, Vanilleschotenmark und Zucker aufkochen. Die Eidotter in einen Schneekessel mit Wasserbad geben, die Flüssigkeit zugeben und über Wasserdampf schaumig schlagen.

Verschiedene Brote

Kürbiskernbrot

1 kleine Terrinenform
120 g Kürbiskerne, geröstet und gehackt
1/4 l Wasser
15 g Hefe
220 g Weizenvollmehl
2 EL Sesam
Salz, Pfeffer, Koriander
3 EL Kürbiskernöl

■ Wasser auf 25° C erwärmen, Hefe, Mehl, Gewürze und Sesam untermischen, Kürbiskerne und Kürbiskernöl in die Grundmasse geben und gut vermengen. Den Teig an einem warmen Ort 2–3 mal aufgehen lassen, nochmals leicht durchkneten und in die Form geben. Danach bei 220° C ca. 35 Minuten backen.

Sandwichbrot

900 g Weizenmehl
0,5 l Wasser
40 g Hefe
2 g Salz
2 EL Butter, zerlassen
1 EL Malzbackmittel

■ Wasser mit der Hefe verrühren, mit Klarsichtfolie abdecken und einmal aufgehen lassen.

■ Restliche Zutaten vermengen, gegangene Hefe einarbeiten und zu einem glatten Teig verarbeiten. An einem warmen Ort zweimal aufgehen lassen, Teig zu einem Sandwich formen und bei 210° C ca. 25 Minuten backen.

Zwiebelbrotstangen

600 g Mehl
40 g Hefe
1 EL Honig
1 EL Salz
50 g Butter, zerlassen
1 kg feines Dinkelmehl
150 g Zwiebel, goldbraun geröstet
ca. 0,7 l Wasser, lauwarm
Eiweiß zum Bestreichen

■ Hefe mit lauwarmem Wasser und einem Drittel vom Mehl verrühren, mit Klarsichtfolie abdecken und aufgehen lassen. Restliche Zutaten vermengen und an einem warmen Platz gehen lassen. Den Teig danach einmal durchkneten und Stangen (Baguettegröße) formen. Auf ein Blech geben, abermals kurz gehen lassen, mit einem Messer einschneiden, mit Eiweiß bestreichen und bei 200° C ca. 25 Minuten backen.

■ Hefe mit lauwarmem Wasser und einem Drittel vom Mehl zu einen Vorteig verrühren, mit Klarsichtfolie abdecken und aufgehen lassen. Restliche Zutaten vermengen, Vorteig dazugeben und an einem warmen Platz gehen lassen. Den Teig danach einmal durchkneten und Brotlaibe formen, auf ein Blech geben und abermals kurz gehen lassen. Mit einem Messer einschneiden, mit Eiweiß bestreichen und bei 200° C ca. 38 Minuten backen.

■ Die Hefe mit der lauwarmen Milch und einem Drittel vom Mehl verrühren, mit Klarsichtfolie abdecken und aufgehen lassen. Restliche Zutaten vermengen, Dampfl dazugeben und an einem warmen Platz gehen lassen. Den Teig danach einmal durchkneten, Kugeln mit einem Durchmesser von 3 cm formen und auf ein Blech geben. Abermals kurz gehen lassen, mit einem Messer einschneiden, mit Wasser bestreichen und bei 180° C ca. 20 Minuten backen.

■ Die Hefe mit der lauwarmen Milch und einem Drittel vom Mehl verrühren, mit Klarsichtfolie abdecken und aufgehen lassen. Restliche Zutaten vermengen, Dampfl dazugeben und an einem warmen Platz gehen lassen. Den Teig danach einmal durchkneten, Stangen mit einem Gewicht von ca. 800 g formen und auf ein Blech geben: Abermals kurz gehen lassen, mit einem Messer einschneiden, mit Wasser bestreichen und bei 180° C – 200° C ca. 50 Minuten backen.

Brotteig

2 kg Roggenmehl
1 kg Weizenmehl
1/2 l Wasser
1 1/2 l Buttermilch
150 g Hefe
Kümmel, Anis, Fenchel
3 g Salz

Nussbriochekugeln

900 g Weizenmehl
42 g Hefe
1 EL Honig
450 g Milch
20 g Salz
9 Eidotter
200 g Butter, zerlassen
100 g Walnüsse, grob gehackt
etwas Wasser zum Bestreichen

Topfenbrot

1 kg Weizenmehl
250 g Topfen
1/2 l Milch
50 g Butter, zerlassen
20 g Hefe

Kleine Kräuterkunde

Basilikum
Mittlerweile in vielen Varianten erhältlich, ist für nahezu alles zu gebrauchen, jedoch nur dann, wenn man es dem Gericht erst in der Endphase des Kochens beigibt. Besonders geeignet ist Basilikum für Tomatengerichte, Eintöpfe, Suppen, Salatsaucen, Kalbfleisch, Pastagerichte und Fisch.
Basilikum wirkt krampflösend und appetitanregend, es lindert chronische Gastritis und hilft bei Magen- und Darmbeschwerden.

Bärlauch
Bärlauch ist der wilde Knoblauch, der nur im Frühjahr Saison hat. Er eignet sich besonders für alle Rezepte mit Knoblauch. Hier kann der herkömmliche Knoblauch durch Bärlauch ersetzt werden.
Bärlauch wirkt entgiftend und reinigend auf den Körper und schützt vor Arterienverkalkung.

Bohnenkraut
Bohnenkraut findet nicht nur in Bohnengerichten, sondern auch in Gurken- und Kartoffelgerichten sowie Lammragouts Verwendung.
Magenempfindlichen Menschen ist von diesem Kraut jedoch abzuraten.

Dill
Dill eignet sich besonders für Fisch- und Gurkengerichte, aber auch für alle kalten und weißen Saucen.
Es wirkt Magenverstimmungen und Verdauungsstörungen entgegen.

Estragon
Estragon ist den meisten nur aus Essigmarinaden bekannt, macht sich aber auch vorzüglich in warmen Eiersaucen, Fischsaucen und Geflügelgerichten.
Das Gewürz gilt als Appetitanreger und schont dabei den Magen.

Kerbel
Kerbel ist ein wunderbares Gewürz, wenn man es sparsam einsetzt, zum Beispiel in Salatmarinaden, Suppen und Nudelgerichten.
Es regt den Stoffwechsel an und wirkt blutreinigend.

Koriander
Koriander wird als „Petersilie der Asiaten" bezeichnet, ist aber nicht jedermanns Sache. Für einen Großteil der asiatischen Gerichte wie Currys sowie für klare Fisch- und Geflügelsuppen ist er jedoch unerlässlich.

Liebstöckel
Bekannt auch unter den Namen „Maggikraut" ist es aus keiner klaren Rind- oder Geflügelsuppe wegzudenken. Dezent eingesetzt schmeckt es auch in Saucen und Fleischfüllungen.
Liebstöckel hilft sehr gut bei Blasen- und Nierenleiden.

Majoran
Das klassische Gewürz für alle Leberspeisen, Gänsebraten, Gulasch und Innereien ist auch für Bratenstücke, Suppen und Kartoffelgerichte geeignet.
Majoran beruhigt Magen und Nerven, löst Krämpfe und lindert Rheuma.

Oregano
Das klassische Mittelmeergewürz findet vornehmlich in mediterranen Gerichten Verwendung. Oregano wirkt appetitanregend und verdauungsfördernd zugleich. Zudem ist es als Tee bei Verkühlungen sehr wirksam.

Pfefferminze
Sehr beliebt ist Pfefferminze in der arabischen und englischen Küche. Dort wird sie vor allem für Lammgerichte und süße Speisen eingesetzt.
Auch der Tee ist sehr beliebt, zumal er nach einem üppigen Essen die Verdauung fördert.

Rosmarin
Rosmarin kann man sehr gut bei allen gebratenen Fleisch- und Fischgerichten verwenden, aber – dezent dosiert – macht er sich auch in gebratenem Gemüse sehr gut. Dennoch sollte man ihn wirklich sparsam verwenden, da er sonst mit seinem Geschmack alles übertönt.
Da Rosmarin mit seinem starken Aroma die Sinne belebt, wird ihm nachgesagt, die Liebeslust zu steigern. Es ist auch als Inhaltsstoff in Salben gegen Durchblutungsstörungen zu finden und hilft bei Kopfschmerzen und Verdauungsstörungen.

Salbei
Passt sehr gut zu Leber-, Geflügel- und Kalbsgerichten. Gering dosiert eignet er sich auch für Pasta und andere mediterrane Gerichte. Darüber hinaus ist er nützlich zum Gurgeln bei Hals- und Rachenschmerzen.

Sauerampfer
Die meisten Leute kennen das Kraut nur vom Namen, dabei kann man hervorragende Suppen und Saucen daraus machen. Allerdings sollte man das Kraut nicht übermäßig erhitzen, da es in seinem natürlichen Geschmack schon sehr intensiv ist.
Sauerampfer wirkt sehr appetitanregend und fördert die Durchblutung. Man sollte ihn stets in Maßen dosieren.

Schafgarbe
Schafgarbe wird im Frühjahr gesammelt und findet vor allem in Suppen und Salaten Verwendung. Das leicht bittere Kraut regt die Verdauung an und hilft besonders bei Frauenleiden.

Thymian
Auch bei längerem Kochen kann man das starke Aroma nicht unterdrücken, sein kräftiger Geschmack bleibt immer erhalten. Thymian ist ein universelles Kraut. Ob bei allen Fleisch-, Geflügel- oder Fischgerichten – in der heutigen Küchenwelt kann man ihn fast überall einsetzen. Die gezüchteten Abwandlungen wie Zitronenthymian oder Orangenthymian sind ein neues Geschmackserlebnis.
In der Medizin ist er ein gutes Mittel gegen alle Bronchialerkrankungen und Halsbeschwerden.

Waldmeister
Als Zutat in der Frühlingsbowle sollte man das Kraut in Maßen genießen, da sonst Kopfschmerzen drohen. Waldmeister findet vor allem in Desserts wie Götterspeise, Waldmeistereis, Sorbet oder Parfait Verwendung.

Ysop
Vorsichtig dosiert passt er sehr gut zu Eiergerichten, Kartoffelgerichten, Salaten und in Topfenaufstrichen. Ysop regt Appetit und Verdauung an und lindert Erkältungen.

Zitronenmelisse
Mit ihren starken Zitronenaromen wird sie sehr gerne bei Desserts, als Sirup zum Trinken, aber mittlerweile – wohldosiert – auch zu Fisch und Fleisch verwendet und kann hier zu überraschenden Geschmackserlebnissen führen.
Die Zitronenmelisse wird in der Naturheilung gegen Magen-, und Darmbeschwerden, Schlaflosigkeit, Rheuma und Erkältungen angewendet.

Kleines Glossar

Beuschel	Gericht aus Lunge und Herz	Marille	Aprikose
Buchtel	Hefegebäck	Melanzani	Aubergine
Dampfl	Vorteig	Powidl	Pflaumenmus
Eierschwammerl	Pfifferlinge	Scherzel	bestimmtes Stück beim Rindfleisch (weißes Scherzel: helles, mageres Stück aus der Rindshüfte; schwarzes Scherzel: kopfseitig gelgenes Schalenfleisch)
Einbrenn	Mehlschwitze		
Faschiertes	Gehacktes		
Germ	Hefe	Schilcher	südsteirischer Roséwein
Glundner Käse	österreichischer Kochkäse	Schlagobers	Schlagsahne
Granten	Preiselbeeren	Spagat	Bindfaden
Häuptelsalat	Kopfsalat	Staubzucker	Puderzucker
Kren	Meerrettich	Topfen	Quark
Läuterzucker	Zuckerlösung, die durch Aufkochen von Zucker und Wasser gewonnen wird	Verhackerts	Brotaufstrich aus Schweinefett
		Vogerlsalat	Feldsalat

Speisekarte aus dem Stift St. Paul, 1930, Suitbert Lobisser, Stift St. Paul

Bildnachweis

Soweit nicht anders angegeben, stammen sämtliche Fotos vom Autor.

Seite 9
Foto Landesmuseum Kärnten

Seite 11
Foto Österreichisches Museum für angewandte Kunst, Wien

Seite 25
Wunderkammer Stift Kremsmünster

Seite 28
Österreichisches Museum für angewandte Kunst, Wien

Salettl im Stift St. Paul